I0804086

BELLAMENTE DISTINTAS

CONVERSACIONES ENTRE AMIGAS SOBRE FE, VIDA Y CULTURA

EDITORIAL PORTAVOZ

La misión de *Editorial Portavoz* consiste en proporcionar productos de calidad —con integridad y excelencia—, desde una perspectiva bíblica y confiable, que animen a las personas a conocer y servir a Jesucristo.

Publicado originalmente en inglés por The Good Book Company, con el título *Beautifully Distinct*, copyright © 2020 por ERLC. Traducido con permiso. Todos los derechos reservados.

Edición en castellano: *Bellamente distintas* © 2021 por Editorial Portavoz, filial de Kregel Inc., Grand Rapids, Michigan 49505. Todos los derechos reservados. Las preguntas de reflexión al final de los capítulos son originales de la edición en español.

Traducción: Rosa Pugliese

EDITORIAL PORTAVOZ
2450 Oak Industrial Drive NE
Grand Rapids, MI 49505 USA
Visítenos en: www.portavoz.com

ISBN 978-0-8254-5967-2 (rústica)
ISBN 978-0-8254-6916-9 (Kindle)
ISBN 978-0-8254-7763-8 (epub)

1 2 3 4 5 edición / año 30 29 28 27 26 25 24 23 22 21

Impreso en los Estados Unidos de América
Printed in the United States of America

"Si es cierto que lo que perseguimos determina el perfil de nuestra raza, entonces es importante cómo vemos el mundo que nos rodea. *Bellamente distintas* es un recurso muy necesario para aprender a interactuar con la cultura como mujeres de Dios, y agradezco a estas hermanas por prestar su sabiduría en un momento como este".

RUTH CHOU SIMONS, autora de *GraceLaced* y *Beholding and Becoming;* fundadora de gracelaced.com

"Para la mujer ocupada que quiere comprometerse a vivir una vida de significado bíblico, pero no se siente preparada, ¡este libro es para ti! Trillia Newbell ha hecho un trabajo maravilloso en reunir mujeres que pueden ayudarnos a evaluar la cultura y articular la verdad bíblica a medida que aprendemos a pensar, escuchar y hablar con un mundo que, de muchas maneras, ha perdido el rumbo. Fundado en las Escrituras, este libro será una herramienta que consultarás con frecuencia. No más intimidación: ¡es hora de que nos comprometamos y seamos *bellamente distintas!*".

DONNA GAINES, editora, *A Daily Women's Devotional;* fundadora y presidenta de ARISE2Read

"Las mujeres que han escrito en este libro saben lo que significa estar en este mundo, pero no ser parte de él. A través de sus profundas reflexiones, nos muestran que nuestra salvación no solo nos cambia por dentro, sino que también cambia nuestra manera de relacionarnos con la cultura que nos rodea. Estas son mujeres que respeto y de quienes me siento privilegiada de aprender".

AMY WHITFIELD, comité ejecutivo de la SBC; vicepresidenta asociada de Convention Communications

"*Bellamente distintas* es un recurso importante sobre cultura escrito por mujeres cristianas. Estas autoras aportan una perspectiva útil al mostrar que ser una discípula de Jesucristo afecta cada área de nuestras vidas. Sus conocimientos retarán y alentarán a todas las lectoras".

PHILLIP BETHANCOURT, vicepresidente ejecutivo, Ethics & Religious Liberty Commission

Contenido

Introducción *Trillia Newbell* 7

Parte uno: Ser reflexiva 11

Introducción de Alissa Wilkinson y Karen Swallow Prior 13

1. Las películas: Hablar el lenguaje de nuestra cultura *Catherine Parks* 17
2. Cuando la comida se convierte en un falso evangelio *Kelly Needham* 27
3. El sexo y nuestro cuerpo *Dannah Gresh* 37
4. Cómo trabajar para la gloria de Dios *Chelsea Patterson Sobolik* 47
5. El valor de la literatura *Karen Swallow Prior* 61

Parte dos: Escuchar bien 71

Introduction de Trillia Newbell y Jackie Hill Perry 73

6. Invitar a otros a nuestra casa *Courtney Reissig* 77
7. Amar al extranjero, amar al inmigrante *Jenny Yang* 89
8. Conversaciones sobre raza *Natasha Sistrunk Robinson y Lilly Park* 99

Parte tres: Hablar bien 111

Introducción de Lindsay Nicolet 113

9. Cómo surfear la ola de las redes sociales
Erin Davis 117

10. Qué decimos de la belleza *Jen Wilkin* 129

11. Cuenta tu historia *Jackie Hill Perry* 143

Epílogo *Trillia Newbell* 155

Colaboradoras 157

Introducción

Trillia Newbell

Es asombroso ver cómo Dios hace una diferencia notable en nuestras vidas. Cuando recién me convertí a Cristo, estaba entusiasmada con Jesús, pero no entendía a cabalidad qué significaba mi nueva profesión de fe en términos de mi relación con el resto del mundo que me rodeaba. Así que, cada vez que veía algo nuevo en la Palabra de Dios, se encendía una lamparita en mi cabeza sobre cómo esa verdad debía cambiar mi manera de vivir.

En las primeras páginas del Génesis encontré que los seres humanos están hechos a imagen de Dios. Dada esta realidad, importa cómo tratamos a quienes no son como nosotras; importa cómo pensamos y nos relacionamos con el sexo opuesto; importa cómo tratamos al inmigrante. Esa realidad transformó mi manera de ver las cosas y vivir en el mundo. ¡Esa era solo una de las cosas! ¿Qué pasaría a medida que leyera el resto de lo que Dios decía?

Como expresó Jesús cuando oró por sus discípulos en Juan 17, estamos siendo "[santificadas] en la verdad": transformadas para pensar y vivir a la manera de Dios (v. 19). Eso es lo que estaba experimentando cuando comencé a leer la Palabra de Dios. Me estaba transformando desde lo más profundo de mi ser.

Ser santificadas en la verdad significa ser bellamente distintas del resto del mundo. Se nos otorga una nueva identidad en Cristo y se nos aparta del mundo. Ya no pensamos y vivimos como el mundo piensa y vive, sino como Dios manda. Y esto puede resultar convincente y atractivo.

Aunque hace muchos años que soy cristiana, sigo evaluando continuamente lo que el mundo dice a la luz de la Palabra de Dios. Sin embargo, hay tantos mensajes —del gobierno, de Internet, de nuestros vecinos, de nuestra familia, de la televisión— que puede ser muy difícil. ¿Qué debería pensar sobre tal tema o tal noticia? ¿Con quién debería hablar y qué debería decir? ¿Qué debería comer? ¿Cómo debería vestirme? ¿Qué debería ver o leer?

Todas estas preguntas podrían hacer que parezca inalcanzable ser bellamente distinta. Es probable que te sientas confundida por todas las normas de vida que el mundo propone. O puede que estés tan ocupada, que no tengas tiempo para detenerte a considerar adecuadamente qué te está influenciando. O tal vez tengas miedo de lo que otros puedan pensar mientras intentas poner tu fe en acción.

Estas son las buenas noticias: nuestra salvación cambia todo sobre nosotras. Pedro escribe: "Mas vosotros sois linaje escogido, real sacerdocio, nación santa, pueblo adquirido por Dios, para que anunciéis las virtudes de aquel que os llamó de las tinieblas a su luz admirable" (1 Pedro 2:9). Esto es lo que somos, y esto es lo que Jesús nos ha enviado a hacer en el mundo. Afortunadamente, Pedro se dirige a nosotras como iglesia, no solo como personas. Somos el pueblo de Dios, por eso podemos ayudarnos unas a otras a cumplir la maravillosa tarea de proclamarlo al mundo. Esa proclamación debe ser tanto en palabras como en hechos.

Más buenas noticias: no estamos solas. No se trata solo de que nos tenemos unas a otras, por muy importante que eso sea. Si Jesús nos envió al mundo, no nos dejará solas. Él intercede por nosotras (Hebreos 7:25).

En Juan 17, el mismo pasaje donde Jesús pide al Padre que santifique a los creyentes, expresa su deseo de que vivamos en el mundo y proclamemos la verdad que nos ha dado. Jesús ora:

> Yo les he dado tu palabra; y el mundo los aborreció, porque no son del mundo, como tampoco yo soy del mundo. No ruego que los quites del mundo, sino que los guardes del mal. No son del mundo, como tampoco yo soy del mundo. Santifícalos en tu verdad; tu palabra es verdad. Como tú me enviaste al mundo, así yo los he enviado al mundo (vv. 14-18).

Jesús no anda con rodeos aquí: no dice que el mundo será nuestro amigo, sino que el mundo nos aborrecerá tal como aborrece a Él. Eso no significa que debamos aislarnos o volvernos cínicas, sino que debemos prepararnos. Jesús también ora por ello. Dice que nos está enviando al mundo. Como hemos visto, Él intercede para que seamos santificadas y que eso sea el resultado de conocer su Palabra. Y, al entrar "al mundo" —al vivir y hablar de una manera distinta—, encontraremos que, incluso en un mundo que rechaza a Jesús, muchas personas llegarán a conocer y amar a Jesús como su Señor y Salvador.

Por tanto, oramos: ¡Enséñanos tu Palabra, Señor, para que podamos andar en ella!

Bellamente distintas contiene una serie de breves capítulos destinados a ayudarte a navegar por diversas áreas de la vida y la cultura. No proporcionará todas las respuestas, pero será una guía útil para nosotras en nuestra búsqueda de santificarnos en la verdad. Este es el comienzo de una conversación destinada a que tú y yo pensemos y hagamos preguntas mientras interactuamos con la cultura que nos rodea. ¿Has considerado cómo lo que lees afecta lo que crees? ¿Qué me dices de las películas que ves? ¿Quién ha estado en tu casa últimamente? ¿Hay alguna manera de contar tu propia historia de manera convincente para que el Señor la use para su gloria y el bien de los demás? Estos son algunos de los temas que abordaremos.

La primera parte del libro analiza cinco áreas de la vida cotidiana, en la cual destaca algunos de los mensajes e influencias que encontramos en nuestra cultura de forma habitual y nos anima a reflexionar sobre lo que escuchamos. No queremos simplemente absorber las enseñanzas de nuestra época al interactuar con el mundo. Si hay mensajes a nuestro alrededor, y los hay, debemos ser diligentes en sopesar lo que escuchamos a la luz de la Palabra de Dios, que es lo que Él usa para santificarnos.

Una tentación diferente podría ser aislarnos del mundo y nunca exponernos a aquellas cosas que parecen contrarias a nuestras creencias y moral cristianas. Sin embargo, Dios no nos ha llamado a una vida aislada, a estar cómodamente escondidas en nuestros hogares e iglesias. Nos ha enviado al mundo. Jesús nos recuerda en Juan 17:15 que tenemos la protección de un Dios bueno y santo, que puede "[guardarnos] del mal". Por tanto, no debemos tener miedo. Antes bien, tenemos la oportunidad de escuchar a aquellas personas que no son como nosotras, extendernos y tratar de comprender nuevas perspectivas para que podamos ir "al mundo" de manera eficaz con el mensaje de Jesús. A esto está diseñada la segunda parte de este libro.

Los últimos tres capítulos plantean formas de hablar a favor de Cristo, al proclamar la verdad acerca de Él de una manera que pueda cambiar tu comunidad. En un mundo donde las palabras abundan, tú y yo debemos ser cautelosas con nuestra manera de hablar. Podemos dar a conocer nuestra opinión con el clic de un botón y llegar a cientos o miles en cuestión de segundos. No debemos apresurarnos demasiado a hablar en contra de las voces que no nos gustan. En cambio, debemos expresar nuestros pensamientos y opiniones con amor, en oración y con el respaldo de las Escrituras. Nuestro objetivo final es proclamar el mensaje de Jesús.

Cada capítulo es profundo, bíblico y práctico. Cada uno te alentará y te preparará para ser bellamente distinta al interactuar con la cultura que te rodea, todo por la causa del Señor Jesús. Por lo tanto, toma asiento y ponte cómoda. Puedes pedir a una o dos amigas que conversen sobre esto contigo.

PARTE UNO

Ser reflexiva

Ser reflexiva: Introducción a la Parte 1

Alissa Wilkinson y Karen Swallow Prior

Queremos decir a las mujeres: tu voz es necesaria.

¿Alguna vez pensaste en lo única que es la perspectiva de cada persona? Cuando ves una película, no la ves como cualquier otra persona. La ves como tú y respondes como tú. Cada persona tiene sus propios pensamientos, opiniones y voz.

No obstante, puede que las voces de las mujeres sean pocas y esporádicas. Como profesora de crítica cinematográfica, (Alissa) he descubierto que las mujeres que pasan por mi clase a menudo son realmente buenas en lo que hacen, más que los hombres. Sin embargo, en los tres años como crítica de cine en *Christianity Today*, solo he recibido dos propuestas para películas de escritoras; en cambio, suelo recibir dos por día de hombres.

No hay muchas mujeres en crítica de cine. Quizás sentimos que no se nos permite estar allí. Cuando escribí asombrada un tuit sobre las propuestas cinematográficas en mi bandeja de entrada, varias mujeres me dijeron: "No sabíamos que podíamos hacerlo".

La perspectiva de las mujeres es diferente a la de los hombres. Necesitamos levantar la voz. No todas tenemos que ser críticas profesionales, pero todas tenemos que ser críticas. Tenemos que interactuar con la cultura.

La "cultura" podría considerarse como las cosas que hacen los seres humanos para dar sentido al mundo. Todas lo hacemos. Todas consumimos cultura, aceptamos sus discursos y los transmitimos. Eso significa que las mujeres tienen un papel vital que desempeñar en la conformación de la cultura, sean o no críticas profesionales. Ejercemos influencia en las personas que nos rodean. A menudo somos nosotras quienes decidimos lo que nuestros hijos ven, a qué juegan, qué comen y qué escuchan. Somos nosotras las que les mostramos quiénes son, hacia dónde van y de qué se trata la vida.

Sin embargo, muchas veces no pensamos en todo esto. No asumimos un papel proactivo en la conformación de la cultura de nuestras familias y comunidades. Aceptamos lo que escuchamos, vemos y leemos sin considerar su contenido ni cómo cambia nuestra cultura.

La palabra "crítica" puede parecer intimidante, de modo que aquí tienes un sinónimo: reflexiva. Sé reflexiva sobre cualquier fenómeno cultural en el que participes. Lo más importante que cualquiera de nosotras puede hacer cuando se trata de la cultura es experimentarla y luego hablar de ello con otras personas de manera reflexiva. Debemos animarnos unas a otras a considerar lo que realmente pensamos y qué tipo de cosas queremos promover en nuestra comunidad.

¿Qué pienso sobre el tiempo que mi familia pasa mirando el teléfono? ¿Cómo influencian en mí el discurso de las novelas o las comedias románticas exitosas? ¿Qué debería decir a mis amigas sobre la última serie de éxito televisivo? ¿Por qué mis hijos quieren un videojuego en particular y cómo podría yo satisfacer sus necesidades de la mejor manera?

Puede que no sepamos las respuestas a todas estas preguntas, pero, como mujeres cristianas, podemos empezar por considerar cada fenómeno cultural a la luz de la Biblia y pedir la ayuda de Dios mientras buscamos practicar el discernimiento. No debemos apartarnos del mundo y la cultura secular, ni debemos aceptarlo todo. Debemos luchar por una tercera vía, inspiradas tanto en la verdad como en el amor, tanto en la gracia y como en la ley (ver Mateo 5:17-20; Romanos 5:20-21).

Los capítulos de esta sección son ejemplos de cómo escuchar atentamente la cultura que nos rodea de esta manera. Cada uno aborda una esfera diferente, resalta algunos de los discursos que podemos escuchar allí y nos ayuda a pensar más detenidamente sobre ellos. Pensar críticamente sobre las películas, los juegos, la comida, los libros, los anuncios y los programas de televisión que nosotras y nuestras familias disfrutamos todos los días nos ayudará a comenzar a ver cómo podemos ejercer influencia en nuestra cultura y hacerlo para Cristo.

1. Las películas: Hablar el lenguaje de nuestra cultura

Catherine Parks

Cuando estaba en la universidad, me uní al "Equipo de Cosmovisión".

Íbamos a escuelas secundarias cristianas y a grupos de jóvenes en iglesias y les enseñábamos a "pensar en el mundo de una manera correcta", a examinar los mensajes de la cultura pop e identificar las ideas verdaderas y falsas presentes en ellos. Hacíamos preguntas sobre las películas que veían y la música que escuchaban: ¿Qué idea de Dios presenta el artista? ¿El hombre es mayormente bueno o mayormente malo? ¿Tiene la vida un propósito y significado o es aleatoria y sin sentido? ¿Existe una verdad absoluta o nosotros determinamos nuestra propia verdad? Reproducíamos clips de canciones de Eminem y películas como *Señales de amor* y *Como Dios* (aquí me estoy delatando como una mujer mayor) para descifrar las ideas que contenían y hablar de la forma en que presentaban la religión.

Algunos jóvenes se resistían a eso. Sus rostros decían: "Solo están tratando de decirnos que no podemos disfrutar de estas cosas".

Sin embargo, ese no era nuestro objetivo.

En nuestra era actual, el cine y la televisión son los medios de narración visual que más conocemos. Las películas y los programas de televisión son nuestro lenguaje cultural. Nos comunicamos a través de imágenes animadas (GIF) fácilmente reconocibles de momentos memorables y fotos de celebridades. Las citas de películas sirven como puntos de comunicación inmediata con desconocidos. Puedo ver una película, publicar sobre ella en las redes sociales e iniciar una inmediata conversación con personas de todo el mundo que también la han visto. Estas historias visuales están entretejidas en la estructura de nuestra sociedad y nos cambian de una forma que no siempre notamos.

Nuestro Equipo de Cosmovisión no trataba de decir a esos jovencitos que no disfrutaran de las películas. Queríamos ayudarlos a pensar mientras disfrutaran de una película para que no creyeran ciegamente cualquier mensaje que esta contuviera.

Cada una de nosotras puede tratar de desarrollar esta manera de pensar y discernir qué mensajes nos están transmitiendo las películas que vemos. De este modo, disfrutaremos más la cultura popular, elegiremos lo que vemos de manera más inteligente, entenderemos a quienes nos rodean de manera más natural y veremos la verdad y la belleza de Dios en lugares que nunca esperábamos.

Mensajes no intencionados

A veces, a los maestros de las escuelas que el Equipo de Cosmovisión visitaba les preocupaba que mostráramos a los jóvenes medios visuales "seculares". ¡Parecían no darse cuenta de que la mayoría de estos jóvenes ya estaban escuchando y viendo esos y muchos otros contenidos! Pensaban que cualquier contenido que no fuera explícitamente cristiano no era sano. Sin embargo, no se necesita mucho para ver que un gran número de películas "seculares" contienen mensajes sorprendentemente bíblicos.

Tenía veintitantos años la primera vez que vi la película *E.T., el extraterrestre.* Tan pronto como terminó, miré a mi esposo asombrada y le dije que nunca pensé que sería tan rica en simbolismo cristológico. Es la historia de un ser que viene a la Tierra, vive al principio en una antigua cabaña, los niños lo reciben y confían en él, toma sobre sí sus enfermedades, muere, resucita y luego asciende de nuevo al cielo. ¿Te suena familiar? Incluso los incrédulos han reconocido el simbolismo religioso de la película.

El director Steven Spielberg ha insistido en que no se propuso hacer de *E. T.* una figura de Cristo. Su origen judío haría poco probable tal misión. Sin embargo, incluso a él le resulta difícil negar que ese mensaje esté presente en la película. En una entrevista de 1982 en *LA Weekly*, respondió a preguntas sobre el simbolismo religioso en otra de sus películas y dijo: "He estado demasiado ocupado haciendo películas para detenerme a analizar cómo o por qué las hago".

Es posible que Melissa Mathison, la guionista de *E. T.*, tuviera la intención de escribir una alegoría del Nuevo Testamento. Hay informes mixtos; pero, si lo hizo, Spielberg jamás se percató. Podemos tener en cuenta las palabras de un artista sobre el mensaje que intentó dar, pero también es posible encontrar mensajes en películas y otros contenidos que han estado presentes sin que el artista se dé cuenta: mensajes que pueden incluir una gran visión de Dios.

Mentiras sutiles

Por supuesto, también hay mensajes sutiles que tienen efectos más dañinos. Los profesores de las escuelas que visitamos estaban preocupados por los contenidos "seculares", y es cierto que algunos son dañinos e inapropiados. Por ejemplo, pueden tentarnos a sentir lujuria o provocarnos miedo o ansiedad. Es importante ejercer discernimiento al elegir qué mirar. Hay muchos recursos en línea para ayudarnos a evaluar lo que miramos, como reseñas y advertencias de contenido.

Sin embargo, a veces el contenido más dañino no es evidente. Las películas pueden contener mentiras sutiles, que cambian nuestra forma de pensar o las expectativas que tenemos para nuestra vida.

Un ejemplo se encuentra en muchas de las comedias románticas que vi en la universidad. Podría parecer demasiado afirmar que películas tan absurdas y poco realistas tienen un importante mensaje sobre la visión del mundo. Por supuesto, nunca pensé ni por un momento que encontraría al amor de mi vida cuando mi talón quedara atascado en una tapa de alcantarilla o cuando alguien viniera a entrevistarme sobre mi incapacidad de cumplir con los planes de boda. Sin embargo, hubo un mensaje general que creí. Al ver estas películas, era natural pensar que lo más importante en la vida era el amor romántico. Si tan solo conociera a la persona indicada, de la manera apropiada, mi vida sería mejor.

En realidad, nunca hubiera dicho esto, ni creo que lo creyera. Sin embargo, de la misma manera que respirar monóxido de carbono puede envenenarnos sin que nos demos cuenta, sumergirnos en historias dañinas y falsas puede transmitirnos una mentira que quizás nunca notemos. Ver todas esas comedias románticas en la universidad me inculcó ideas equivocadas sobre mi vida y lo que debería priorizar. Solo cuando comencé a pensar en sus mensajes me di cuenta.

De la misma manera que respirar monóxido de carbono puede envenenarnos sin que nos demos cuenta, sumergirnos en historias dañinas y falsas puede transmitirnos una mentira que quizás nunca notemos.

A veces, incluso las llamadas películas cristianas presentan mentiras sutiles. Si nuestra presentación de la vida cristiana es una en la que todos los problemas se resuelven de manera fácil e inmediata, no estamos diciendo la verdad sobre la realidad del "ya, pero todavía no" donde vivimos. Si bien debemos reconocer el poder y la capacidad de Dios para obrar en cualquier situación, estos finales de cuentos de hadas parecerán falsos para aquellas personas que atraviesan un sufrimiento que no parece resolverse tan fácilmente. Debemos crear y apoyar el arte cristiano que sea sincero sobre la verdadera naturaleza de la gracia de Dios y la vida que lleva la cruz a la que estamos llamadas.

Conversaciones significativas

Sin embargo, no se trata solo de ejercer discernimiento para comprender el mensaje de películas o programas de televisión que vemos para nuestro propio bien. Se trata también de estar preparadas para escuchar y amar a las personas que nos rodean.

Esto se debe en parte a que las películas pueden mostrarnos lo que se siente al pasar por situaciones que nunca experimentaremos por nosotras mismas. Sentarme en un cine y ver a los actores representar la alegría y el sufrimiento me ayuda a comprender a las personas o situaciones que están representando. A menudo es lo más parecido a lo que dijo Atticus Finch de Harper Lee en *Matar a un ruiseñor:* "Nunca entiendes realmente a una persona hasta que consideras las cosas desde su perspectiva... Hasta que te metes en su piel y caminas en ella". Las películas nos dan la oportunidad de experimentar el dolor y la alegría de personas como nosotras en todo el mundo. Nos producen empatía por los demás.

Además, cuando nos interesamos en aquello que las personas que nos rodean están viendo, comprendemos los mensajes que están creyendo. Debido a que los medios visuales son una parte tan importante de nuestro contexto cultural, pensar en las películas nos da la oportunidad de hablar el lenguaje cultural. Es un punto de partida para una conversación significativa. Nuestra capacidad para clasificar los mensajes y las emociones de una película o programa de televisión nos permite diagnosticar las necesidades espirituales no solo de sus creadores, sino también de consumidores como nosotras.

Notar el efecto que tuvieron las comedias románticas en mí me permitió comprender mejor a mis amigas que también ven muchas de esas películas. Puedo pensar en por qué les encantan y qué mensajes e historias buscan escuchar. Puedo refutar lo que creen sobre sí mismas y lo que esperan de sus relaciones románticas. Puedo sugerir otros contenidos para ver o escuchar que contengan mensajes que transmitan la verdad en lugar de esas mentiras sutiles.

El crítico de cine Josh Larsen ha llegado incluso a decir que las películas son oraciones.[1] No en el sentido de que tengan la intención explícita de hablar con Dios, por supuesto, sino en el sentido de que son un medio para expresar emociones humanas: gratitud, pesar, arrepentimiento, miedo o alegría. Así como los salmistas dirigían estas emociones a Dios en sus cánticos, hoy los directores, guionistas y actores expresan sus emociones en películas y exteriorizan sus sentimientos más profundos como si los dirigieran a un poder superior.

Quizás el artista esté expresando su pesar por el sufrimiento en el mundo o su anhelo de un hogar mejor.

Tal vez sea el deseo de un amor profundo y gratificante que está buscando en las personas y los lugares equivocados. O cuando un artista exhibe increíbles demostraciones de fuerza o talento, podría llevarnos a alabar a Dios por los maravillosos dones concedidos a quienes son portadores de su imagen. Las artes visuales nos brindan un medio para expresar nuestros sentimientos, miedos y alegrías más profundos, aunque no nos demos cuenta de a quién se los estamos expresando.

Esta observación de que las películas son como oraciones no difiere mucho de la declaración de Pablo cuando predicó en Atenas: "Varones atenienses, en todo observo que sois muy religiosos" (Hechos 17:22). Mientras Pablo caminaba por Atenas, se dio cuenta de que los atenienses se estaban dirigiendo al Dios verdadero sin conocerlo en verdad. Entre los muchos ídolos que vio, encontró uno con una inscripción que decía "AL DIOS NO CONOCIDO". Pablo les dijo: "Al que vosotros adoráis, pues, sin conocerle, es a quien yo os anuncio" (Hechos 17:23). Y luego les dio la respuesta que necesitaban: que podían conocer al Dios que los había creado.

1. Josh Larsen, *Movies Are Prayers: How Films Voice Our Deepest Longings* (Downers Grove: InterVarsity Press, 2017).

Cuando buscamos comprender los mensajes de las películas que nosotras y nuestras amigas estamos viendo, estamos obteniendo las herramientas para tener una conversación afín: identificar los deseos y anhelos del corazón de las personas, y mostrarles cómo pueden hallarlos en Cristo.

Buenas preguntas

Aprender a identificar estos sentimientos y anhelos ha sido una herramienta útil para usar con mis hijos. A veces, después de ver algo juntos, les pregunto qué piensan que sentían ciertos personajes en diferentes momentos de la película. Una simple conversación como esta les comunica que las emociones que sienten son normales y forman parte de cómo Dios los diseñó. Nos abre la puerta para identificar la manera en que los personajes expresaron sus emociones y si tales eran expresiones sanas o no.

De manera similar, a mi esposo, Erik, le encanta pedir a nuestros hijos que identifiquen el simbolismo y los mensajes de una película, lo cual los ayuda a ver la historia con atención. Y no solo hace estas preguntas a nuestros hijos. Durante varios años ha sido anfitrión ocasional de "Noche de películas para hombres", que comenzó con películas tradicionalmente masculinas como *Corazón valiente* y *La última pelea,* y ahora incluye películas belgas poco conocidas y profundos dramas irlandeses. Al principio, cuando iniciaba una conversación después de la película, había un silencio incómodo. Al igual que fortalecer un músculo que no se utiliza, aprender a mirar con más atención las películas lleva tiempo, y hacerlo de manera colectiva puede resultar extraño. Sin embargo, Erik y sus amigos, tanto creyentes como no creyentes, han aprendido

> Cuando hemos probado y visto la bondad del Señor en la verdad de su Palabra podemos darnos cuenta de que probar y ver otras cosas nunca puede satisfacer realmente.

mucho unos de otros a través de esta simple práctica de hacer preguntas sobre símbolos, mensajes, temas, anhelos y maneras de ver el mundo.

Y no debería sorprendernos que el uso de historias pueda ser un excelente punto de partida para hablar del evangelio, ya que esto es exactamente lo que hizo Jesús en su ministerio de enseñanza. ¿Cuántas veces ilustró la verdad con una parábola con la que sus oyentes pudieran identificarse? Puede que no seamos nosotras las que contemos las historias, pero podemos orar por discernimiento y sabiduría para vincular las historias que escuchamos y vemos con la verdad que conocemos. Esto sucede con mayor frecuencia cuando hacemos buenas preguntas como "¿Te identificaste con alguno de los personajes?" o "¿Cómo te sentiste al ver eso?" o incluso algo tan simple como "¿Qué te pareció la película?". Hacer este tipo de preguntas y luego escuchar atentamente la respuesta puede abrirnos los ojos a las opiniones y los ideales de las personas que nos rodean.

Sin embargo, nada de este tipo de sabiduría, percepción y discernimiento es posible a menos que tengamos un marco dentro del cual ver las películas y programas de televisión. Cuando hemos probado y visto la bondad del Señor en la verdad de su Palabra podemos darnos cuenta de que probar y ver otras cosas nunca puede satisfacer realmente. Aquellos que no saben esto están a merced de los mensajes que escuchan en la cultura que los rodea.

Mirar con atención las películas significa comprender una forma importante en que las personas de nuestra cultura se expresan y pueden acercarse a Dios sin siquiera saberlo. Llegamos a entender lo que creen y para qué viven. Nosotras, que conocemos la verdad sobre cómo es Dios y cómo llegar a Él, debemos asegurarnos de ser parte de esta conversación.

• • •

PREGUNTAS DE REFLEXIÓN

1. De acuerdo con lo que hemos visto en este capítulo, ¿de qué manera las películas y los programas de televisión son nuestro lenguaje cultural? ¿Cómo puedes hablar ese lenguaje?

____

____

____

2. ¿Qué beneficios puedes obtener de mirar películas "seculares"?

____

____

____

3. ¿Qué mentiras sutiles pueden transmitir las películas tanto seculares como las que tienen contenido cristiano? ¿Qué verdades de la Biblia puedes usar para combatir esas mentiras?

____

____

____

4. ¿En qué sentido el crítico de cine Josh Larsen ha llegado a decir que las películas son oraciones? Explícalo.

____

____

____

5. Piensa en una película que hayas visto últimamente y hazte estas preguntas: "¿Te identificaste con alguno de los personajes?", "¿Cómo te sentiste al ver la película?", "¿Qué te pareció la película?".

2. Cuando la comida se convierte en un falso evangelio

Kelly Needham

En 2004, el documental *Súper engórdame* dio a luz a un movimiento de temor a ciertos alimentos. Aunque es poco probable que la gente pensara que es sabio comer exclusivamente en McDonalds, Morgan Spurlock infundió miedo en el corazón de cualquiera que alguna vez hubiera comprado una Cajita Feliz.

Desde entonces se han producido varios documentales basados en los alimentos, con una característica en común: el temor a ciertos alimentos. Azúcar. Alimentos genéticamente modificados. Conservantes. Gluten. Maíz. Esta sobrecarga de información ha convertido un simple viaje a la tienda de comestibles en un paso a través de un campo minado. ¡Será mejor que hagas una investigación para evitar las toxinas ocultas que acechan en cada lista de ingredientes!

Este creciente temor a los alimentos plantea una pregunta: ¿qué puede salvarnos de estos peligros? Cada documental (bloguero, nutricionista y semejantes) responde de manera diferente. Suplementos. Productos orgánicos. Dieta paleo. Vitaminas. Alimentos sin gluten. Depuración. Dieta vegana. Salud intestinal. Aceites esenciales. Cetonas. Si no eliges una solución, podría parecer que estás permitiendo que "la industria" acabe con tu familia y les produzca cáncer, colesterol alto u obesidad.

Así que, ¿debería hacer la dieta de los 30 días sin harinas? ¿El ayuno de Daniel? (¿acaso no es bíblico?). ¿Una dieta sin gluten o sin lácteos? ¿Cuál es la correcta? ¿Voy a contraer cáncer si como alimentos ricos en conservantes? ¿Mi irritabilidad y pesadez disminuirán si elimino el azúcar?

Vale la pena señalar que todas estas opciones y criterios solo son posibles en una cultura de abundancia. En países donde la comida es escasa y la pobreza es abismal, se come lo que se puede conseguir. Las opciones son un privilegio de los ricos. Nos preocupamos por lo que *deberíamos* comer, porque no tenemos que preocuparnos de si *vamos a* comer.

En lugar de buscar la dieta correcta que está de moda, debemos recordar que la Biblia habla con autoridad a cada generación de cada cultura y cada época, sin importar si esa cultura es pobre o rica, y sin importar qué alimentos le gusta comer. Afortunadamente, Dios habla mucho sobre los alimentos en la Biblia. Y sus palabras inspiradas por el Espíritu son tan relevantes hoy como cuando se escribieron en pergamino.

Tal vez parezca que estas preguntas tienen poco que ver con Dios, pero en realidad son absolutamente teológicas. Nuestro conocimiento de Dios y el evangelio debería incidir en nuestra forma de pensar acerca de los alimentos y ayudarnos a tener una actitud inteligente ante los documentales sobre los alimentos saludables, las campañas publicitarias y los pasillos de los supermercados.

Cuando la comida se convierte en un falso evangelio

> Y no temáis a los que matan el cuerpo, mas el alma no pueden matar; temed más bien a aquel que puede destruir el alma y el cuerpo en el infierno (Mateo 10:28).

En este versículo, Jesús habla de nuestro temor a lo que puede matar el cuerpo. No niega que la amenaza de muerte sea real, pero señala que nuestro temor es miope. Enfrentamos un peligro eterno mayor.

¿Por qué importa esto? Porque aquello que tememos indica dónde ponemos nuestra fe.

La realidad del día a día para la mayoría de nosotras no es el temor a que algo nos mate. En cambio, cedemos el paso a innumerables otros miedos temporales que nos ciegan a la perspectiva eterna y nos llevan a poner nuestra fe en cualquier otra cosa menos en Jesús.

Si tenemos miedo de aumentar de peso, confiaremos en los alimentos que promueven la pérdida de peso. Si tememos a los antojos, confiaremos en alimentos conocidos por reducir el apetito. Si tememos a los alimentos genéticamente modificados, confiaremos en aquellos que se jactan de tener ingredientes totalmente naturales.

Ahora bien, no quiero dar a entender que la comida sana sea mala. Todas sabemos que debemos llevar una dieta equilibrada y hacer ejercicio. Es aconsejable cuidar nuestro cuerpo adecuadamente. Para algunas personas, una dieta específica es realmente un requisito de salud: si tienes una intolerancia o padeces una enfermedad que afecta tu sistema digestivo, debes tener cuidado con lo que comes. Para muchas que padecen afecciones o que cuidan de otros que las padecen, se requiere mucha atención, sabiduría y esfuerzo para hacer lo que para el resto de nosotras es solo un simple viaje a la tienda de comestibles.

Ser sabia y cuidadosa con la comida es bueno, pero hay una diferencia entre ser sabia y cuidadosa y poner todas tus esperanzas en la dieta.

Ser sabia y cuidadosa con la comida es bueno, pero hay una diferencia entre ser sabia y cuidadosa y poner todas tus esperanzas en la dieta. El peligro es que nuestro alimento saludable preferido puede convertirse en un salvador funcional. Es como si la alimentación saludable fuera un nuevo evangelio, pero de ningún modo es un evangelio. Se centra en lo temporal, no en lo eterno. Poner el centro de atención en la comida que tenemos delante desplaza al cielo y al infierno a un segundo plano.

Este falso evangelio también propone soluciones sin Cristo a problemas basados en el pecado. Comer en exceso, la irritabilidad y los antojos son problemas de pecado para lo que solo Jesús es la solución. Al igual que dar una vacuna contra la gripe a un paciente con cáncer, dar cualquier otra solución que no sea Cristo a los enfermos de pecado es inútil en el mejor de los casos y engañoso en el peor. Cuando estamos irritables o somos indisciplinadas, debemos reconocer que estos pecados provienen de nuestro interior, no de algo externo. Por supuesto, hay algunas cosas prácticas que son de ayuda, como mantener las tabletas de chocolate fuera de casa para evitar la glotonería.

Sin embargo, el cambio real proviene del poder del Espíritu; es su ayuda la que debemos pedir. Debemos esperar el día en que, gracias a Jesús, por fin seamos completamente libres del pecado.

La nuestra no es la primera generación que pone sus temores y sus esperanzas en la comida. Pablo escribió sobre esto repetidas veces al recordar a las primeras iglesias que los preceptos sobre comer y beber podían convertirse en enemigos del verdadero evangelio.

> Pues si habéis muerto con Cristo en cuanto a los rudimentos del mundo, ¿por qué, como si vivieseis en el mundo, os sometéis a preceptos tales como: No manejes, ni gustes, ni aun toques (en conformidad a mandamientos y doctrinas de hombres), cosas que todas se destruyen con el uso? (Colosenses 2:20-22).

Obedecer "mandamientos y doctrinas de hombres" sobre comer y beber no solo nos distrae de Dios y nos persuade a concentrarnos en nuestros deseos temporales de sentirnos bien o de lucir bien. También puede contradecir el verdadero evangelio. En 1 Timoteo 4:1-5, las palabras de Pablo son mucho más fuertes. Al describir a los falsos maestros que, entre otras cosas, "mandarán abstenerse de alimentos", dice que están apostatando de la fe "escuchando a espíritus engañadores y doctrinas de demonios". El falso evangelio de la comida sana sugiere sutilmente que la vida abundante y la libertad del pecado prometida en Jesús se pueden encontrar sin acudir al mismo Jesús.

El triste resultado de ver la comida sana como un salvador es que nos convertimos en evangelistas que anuncian a otros sobre todos sus beneficios y esperamos convencerlos de que vale la pena el costo, el tiempo y las molestias que eso conlleva. Terminamos por predicar un evangelio que es, convenientemente, mucho menos ofensivo y mucho más fácil de anunciar a nuestros semejantes que el evangelio de Jesucristo. En lugar de ayudarlos, los estamos distrayendo de lo que es la verdadera amenaza para la salud: el pecado y la paga de muerte.

Mujer cristiana, Jesús es tu Salvador, tu libertad del pecado, tu promesa de vida eterna. Ya tienes buenas noticias para anunciar y la misión de predicarlas a todas las naciones y convencer al mayor número posible de personas de que vale la pena pagar el precio de seguir a Cristo. Resiste la tentación de predicar algo inferior.

Cómo comer para glorificar a Dios

En este momento, alguien podría preguntar: "¿Rechazar el evangelio de los alimentos saludables significa que no debería pensar en lo que como?". Por supuesto que no. La Biblia habla claramente sobre cómo administrar todo lo que Dios nos ha confiado, incluido nuestro cuerpo, de manera responsable y que honre a Dios (1 Corintios 6:19-20). Sin embargo, eso no es todo lo que dice la Biblia sobre el tema. Entonces, ¿cómo nos instruye la Biblia a pensar en lo que comemos? Aquí hay tres formas de comer para glorificar a Dios.

1. Comer con fe

> No os afanéis, pues, diciendo: ¿Qué comeremos, o qué beberemos, o qué vestiremos? Porque los gentiles buscan todas estas cosas; pero vuestro Padre celestial sabe que tenéis necesidad de todas estas cosas. Mas buscad primeramente el reino de Dios y su justicia, y todas estas cosas os serán añadidas. Así que, no os afanéis por el día de mañana, porque el día

> de mañana traerá su afán. Basta a cada día su propio mal (Mateo 6:31-34).

Cuando mi esposo y yo estábamos en la India para traer a casa a nuestro hijo adoptivo, el orfanato nos recibió con té, *muffins* y galletas. Las condiciones para la preparación de alimentos en ese pueblo rural seguramente no eran las ideales, y yo conocía los riesgos de comer y beber lo que nos ofrecían. Sin embargo, también sabía lo ofensivo que sería rechazar tal acto de bondad. Como representantes de Jesús en aquella tierra extranjera, comimos con fe.

Fe en que Dios podría proteger nuestro cuerpo, incluso cuando estuviera expuesto a posibles riesgos para la salud.

Puede que ya no esté en la India rural, pero las redes sociales me mantienen al tanto de los posibles riesgos para la salud de los alimentos que tenemos aquí. Por eso sigo comiendo con fe, fe en que Dios protege mi cuerpo y puede mantenerlo en buena salud a pesar de los peligros que me rodean. Esto no significa carecer de sentido común. Comer pastel de queso tres veces al día tal vez no sea la mejor decisión, pero en lugar de analizar demasiado todo lo que consumimos —en lugar de preocuparnos todo el tiempo por el mañana— nuestra familia se esfuerza por tener una dieta bien equilibrada de acuerdo con los medios económicos que Dios nos ha proporcionado. Confío en Dios sobre cualquier otra preocupación que aún quede.

2. Comer para compartir el evangelio

> Si algún incrédulo os invita, y queréis ir, de todo lo que se os ponga delante comed, sin preguntar nada por motivos de conciencia… Si, pues, coméis o bebéis, o hacéis otra cosa, hacedlo todo para la gloria de Dios… como también yo en todas las cosas agrado a todos, no procurando mi propio beneficio, sino el de muchos, para que sean salvos (1 Corintios 10:27, 31, 33).

Compartir juntos una comida ha sido durante mucho tiempo una forma básica de interrelación humana y, como tal, una gran vía para compartir el evangelio. Pablo, conocedor de esto, señala que la proclamación del evangelio siempre triunfa sobre la preferencia por la comida. El apóstol está hablando de un tema de conciencia: sus lectores estaban preocupados por saber si podían comer o no carne que había sido sacrificada a los ídolos. Si su recomendación, incluso en esa situación, es comer por el bien del evangelio, entonces también se aplica a situaciones en las que solo están en juego nuestras preferencias, no nuestra conciencia. Debemos comer todo lo que se nos presente sin quejarnos, porque el evangelio es más importante que un paladar restringido o incluso una salud óptima.

Ahora bien, si eres alérgica a los maníes, no comas el sándwich de manteca de maní y mermelada que te ofrece tu vecina incrédula. Sin embargo, si prefieres el pan sin gluten solo porque te parece mejor comer alimentos sin gluten, esta es tu oportunidad de confiar tu cuerpo físico a Dios y dejar de lado tus preferencias. No des mucha importancia a la comida; da gran importancia a Dios. Cuando recibas hospitalidad de tu prójimo, tendrás una oportunidad mucho mejor de hablarle de la hospitalidad de Dios en el evangelio.

No des mucha importancia a la comida; da gran importancia a Dios.

3. Comer para disfrutar de Dios

> Y [Dios] te afligió, y te hizo tener hambre, y te sustentó con maná, comida que no conocías tú, ni tus padres la habían conocido, para hacerte saber que no solo de pan vivirá el hombre, mas de todo lo que sale de la boca de Jehová vivirá el hombre (Deuteronomio 8:3).

Jesús nació en un pueblo llamado Belén, que significa "casa de pan". Cuando era bebé lo pusieron en un pesebre. Más adelante, Él mismo dijo que era el pan de vida. ¿Qué estaría diciendo? Simplemente esto:

Dios quiere que lo que comemos nos recuerde una realidad mayor. Dios nos hizo con necesidad de alimentos para que pudiéramos entender nuestra necesidad de Él. ¡Solo Él puede satisfacernos!

La comida es una sombra, una imagen de lo que Dios es para nosotros. No es lo más importante. Cuando Jesús estaba haciendo su ayuno de cuarenta días en el desierto, el diablo lo tentó a romper su ayuno y convertir las piedras en pan. Sin embargo, Jesús sabía que lo que realmente lo sostenía no era la comida, sino la palabra de Dios (Mateo 4:4). Lo mismo puede ser cierto para nosotras también. No elevemos la comida a una posición que nunca debió ocupar.

Nuestra esperanza no radica en un conocimiento más exhaustivo de los alimentos o las mejores opciones en el supermercado, sino en un Salvador que verdaderamente está haciendo nuevas todas las cosas.

En cambio, podemos usar la comida para recordarnos todas las buenas dádivas que Dios nos ha concedido y el hecho de que lo ha establecido para siempre. Cuando tengamos hambre, podemos recordar que Dios es quien conoce todas nuestras necesidades. Cuando comamos, ya sea que nuestro pan sea con o sin gluten, multigrano o blanco, o incluso aunque no comamos ningún tipo de pan, podemos agradecer a Dios por enviar a Jesús, el pan de vida.

Lo más importante

Independientemente de las decisiones que tomemos y la comida que prefiramos, siempre debemos tener cuidado de no caer en la trampa de seguir el falso evangelio de una alimentación saludable. Lo más importante en la vida no es estar saludable. La verdad es que seguir a Jesús puede ser peligroso para nuestra salud. Como sus seguidores, se nos promete persecución y sufrimiento. En algunas partes del mundo, elegir a Cristo es elegir una vida más corta. Ese tipo de sacrificio hace que nuestra preocupación diaria sobre qué comer parezca insignificante.

Al final, todos nos enfermaremos en esta vida. Todos moriremos. Nuestra esperanza no radica en un conocimiento más exhaustivo de los alimentos o las mejores opciones en el supermercado, sino en un Salvador que verdaderamente está haciendo nuevas todas las cosas.

> El que hace caso del día, lo hace para el Señor; y el que no hace caso del día, para el Señor no lo hace. El que come, para el Señor come, porque da gracias a Dios; y el que no come, para el Señor no come, y da gracias a Dios. Porque ninguno de nosotros vive para sí, y ninguno muere para sí. Pues si vivimos, para el Señor vivimos; y si morimos, para el Señor morimos. Así pues, sea que vivamos, o que muramos, del Señor somos (Romanos 14:6-8).

• • •

PREGUNTAS DE REFLEXIÓN

1. ¿Has desarrollado temor a ciertos alimentos? ¿Cómo debería incidir el conocimiento de Dios y el evangelio en tu forma de pensar acerca de los alimentos?

____

____

____

2. ¿Qué sugiere el falso evangelio de la comida?

____

____

____

3. ¿Cuál es la verdadera amenaza para la salud?

____

4. Describe tres maneras de comer para glorificar a Dios.

5. ¿Qué cambios puedes hacer en tu vida para poner en práctica estas maneras de comer para glorificar a Dios?

3. El sexo y nuestro cuerpo

Dannah Gresh

El 16% de todas las mujeres estadounidenses han leído *Cincuenta sombras de Grey.* Y el 16% de todas las mujeres cristianas también lo han hecho.[1] Las versiones cinematográficas de la trilogía han recaudado más de $ 1300 millones de dólares.

¿Qué nos muestra el hecho de que una serie que celebra el masoquismo y el dominio masculino sobre el cuerpo femenino haya encontrado semejante audiencia no entre los hombres sino predominantemente entre las mujeres? ¿Cómo es posible que muchos consideren palabras como "sometimiento", "dueño" y "*bondage*", siempre que estén acompañadas de látigos y cadenas, no solo como aceptables sino también sexys?

Este tipo de actitud hacia el cuerpo de la mujer ha tenido un efecto mucho más grave de diversas formas significativas, especialmente en lo que respecta al abuso sexual. En los últimos años, mujeres de todas las edades, razas y religiones se han armado de valor con nada más que un hashtag y han dado un paso al frente para contar sus historias de acoso y agresión sexual y pedir cuentas a los abusadores. Que el movimiento #MeToo ("Yo también") sea necesario es trágico; que haya sacado a la luz estos delitos es bueno.

---

1. Jeff Shapiro, "Percentage of Christians, Americans Who Have Read 'Fifty Shades of Grey' the Same," www.christianpost.com/news/percentage-of-christians-americans-who-have-read-fifty-shades-ofgrey-the-same-97353 (consultado el 16 de diciembre de 2019).

Sin embargo, aún tenemos que hablar sobre la forma en que se percibe el cuerpo de la mujer, no solo por parte de algunos hombres, sino también por muchas mujeres, muchas de nosotras también.

Vergüenza del cuerpo

En los Estados Unidos, el cuerpo de una mujer adulta promedio hoy día es de la talla 16, pero el de la modelo promedio es mucho más pequeño. Una de las modelos mejor pagadas del mundo, Gisele, usa una talla 4, que coincide con las normas de la industria. Agrega a esto las horas de aplicación de maquillaje para eliminar las imperfecciones y realzar los pómulos seguido de un perfeccionamiento ficticio con Photoshop, y es fácil ver por qué el efecto en nuestras hijas puede ser devastador.

Según un estudio en pediatría, aproximadamente dos tercios de las estudiantes de quinto a duodécimo grado dijeron que la fotografía de moda influye en su perspectiva de un cuerpo ideal, y aproximadamente la mitad dijo que esas imágenes les hacían querer perder peso.[2] Después de veinte años de trabajar a diario con chicas adolescentes, sigo sin encontrar a una sola que, influenciada por las industrias de la moda y la belleza de hoy, se sienta bonita. Parece que cuanto más se concentra una joven en los prototipos del mundo, menos confianza siente en su propio cuerpo.

En respuesta, algunas tratan de cubrir las partes del cuerpo de las que se avergüenzan, pero la mayoría hace todo lo posible por estar a la altura de esos prototipos inalcanzables y poco realistas. Buscan productos costosos, ven videos tutoriales sobre maquillaje e intentan perder peso. Cuando alguna parte de su cuerpo finalmente se ve como quieren, muchas usan ropa insinuante y exhibicionista. La desnudez parece haberse convertido en una forma de proyectar confianza: el 54% de las adolescentes dijeron en una encuesta que

2. "Report of the APA Task Force on the Sexualization of Girls" (American Psychological Association, 2007).

habían enviado un mensaje de texto sexual, y casi un tercio de ellas afirmaron que se trató de una foto desnuda o semidesnuda. Incluso pueden argumentar que exhibir su cuerpo de esta manera las hace sentir bellas y sexys.[3]

Muchos cristianos han respondido enfatizando la necesidad de pudor en la manera de vestir de las jóvenes. Usan eslóganes como "El pudor es más seductor" y tratan de imponer reglas sobre el largo apropiado de una falda o lo ajustado de una blusa. Están tratando de mantener a las jóvenes a salvo de una cultura que parece estar llena de expectativas peligrosas e inútiles sobre el cuerpo femenino.

Necesitamos ver nuestro cuerpo como una parte integral y preciosa de nosotras mismas: algo que debemos respetar y cuidar.

Cuando uso la palabra "pudor" en mis trabajos, recibo una gran cantidad de correspondencia donde me acusan de "avergonzarme de mi cuerpo". La misma idea del pudor se ha vuelto venenosa para algunas personas. En parte, esto se debe a que asumen que solo escondemos aquello de lo que nos avergonzamos, mientras que, como señala la exitosa autora del *New York Times,* Wendy Shalit, el pudor en realidad debería ser "un impulso que protege lo que es precioso e íntimo".[4] Sin embargo, también existe un problema con el movimiento a favor del pudor. Aunque parece oponerse a la obsesión moderna por el cuerpo y la apariencia externa de las mujeres, en realidad promueve esta obsesión de una manera diferente. Nos concentramos en lo que podemos y no podemos usar, y limitamos nuestra definición de pudor a lo físico. Aplicamos reglas sobre la ropa

3. Eileen Kennedy Moore, "Teen Sexting in Perspective", www.psychologytoday.com/gb/blog/growingfriendships/201603/teen-sexting-in-perspective (consultado el 22 de noviembre de 2019).

4. Wendy Shalit, "The Private Self(ie)", www.time.com/3269540/celebrity-photo-hack-selfies-jennifer-lawrence-modesty (consultado el 22 de noviembre de 2019).

sin tomarnos el tiempo de explicar por qué creemos que esas pautas son útiles. El peligro es que esto se convierta en una versión más del cuerpo femenino idealizado y considerado un objeto.

En cambio, debemos transmitir una teología completa del cuerpo y la belleza. Necesitamos ver nuestro cuerpo como una parte integral y preciosa de nosotras mismas: algo que debemos respetar y cuidar, no algo para avergonzarnos. Al mismo tiempo, debemos dejar de pensar que la belleza tiene que ver con el cuerpo.

Una persona completa

> Vuestro atavío no sea el externo de peinados ostentosos, de adornos de oro o de vestidos lujosos, sino el interno, el del corazón, en el incorruptible ornato de un espíritu afable y apacible, que es de grande estima delante de Dios (1 Pedro 3:3-4).

Estos versículos animan a las mujeres cristianas a cultivar la verdadera belleza, que tiene que ver con nuestra actitud interior. Pedro comienza con una exhortación a no obsesionarnos con los prototipos terrenales de belleza, sino a fijarnos en el corazón.

Dios no condena la belleza física ni su expresión. Él mismo se adorna continuamente con cosas que consideramos hermosas, como el arco iris alrededor de su trono (Apocalipsis 4:3). Nuestro deseo por la belleza física es evidencia de que fuimos creadas para ser como Él. Sin embargo, la búsqueda de la belleza física no debería ser tan importante. La belleza "[interna], [la] del corazón" es la que, señala Pedro, "es de grande estima delante de Dios". La belleza externa se desvanece y muere, pero la belleza del corazón es "incorruptible". Buscar esa belleza cambia la forma en que nos vemos a nosotras mismas y nos da vida de una manera que ningún lápiz labial o jeans de marca podrían hacerlo.

Lo que nuestra cultura quiere que pensemos con tanta insistencia es que nuestro cuerpo físico está separado de nuestro ser interior.

La pornografía, el material erótico y el sexo casual son resultado de esta idea: separar el acto físico sexual de su aspecto relacional. Se supone que es posible experimentar deseo sexual físico sin ninguna obligación de estar unidos emocional, relacional y espiritualmente.

Sin embargo, es imposible. El cuerpo físico no puede separarse del ser interior. Cuando tenemos relaciones sexuales con alguien, nos estamos uniendo emocionalmente. Los psicólogos llaman a esto un "lazo emocional". También ocurre una unión espiritual; vemos esto en 1 Corintios 6:13-16, donde Pablo compara directamente la unión de parejas sexuales con la unión de un cristiano con el Señor Jesús.

> La belleza externa se desvanece y muere, pero la belleza del corazón es "incorruptible".

Esta es una de las razones por las que la Biblia dice claramente que el sexo es para el contexto del matrimonio entre un hombre y una mujer. Dios diseñó el sexo como un poderoso símbolo y celebración del pacto de amor: la expresión del compromiso más profundo que dos personas pueden hacer entre sí y una representación del amor de Dios por su pueblo.

Los profetas del Antiguo Testamento se referían a Israel como la esposa de Dios, incluso usaban términos sexuales para describir la intimidad que Él deseaba con su pueblo. La palabra hebrea para intimidad sexual, *yadá,* significa "conocer, ser conocido, ser profundamente respetado". No se trata solo del acto físico del sexo, sino también de una profunda unión emocional y espiritual. En una hermosa expresión del deseo de Dios de conocernos íntimamente, Salmos 139:1 usa la misma palabra: "Oh Jehová, tú me has examinado y conocido [*yadá*]".

El conocimiento físico está vinculado al conocimiento emocional y espiritual porque cada una de nosotras es una sola persona. Cualquier cosa que trate el cuerpo físico como algo separado del ser interior conducirá a la falta de respeto e incluso al abuso. Conduce a la representación del sometimiento deshumanizante en el material erótico. Hace que las adolescentes sientan que solo pueden sentirse seguras si pueden enviar a alguien una foto de ellas desnudas. Conduce a usar a las mujeres para el sexo y luego rechazarlas. Estas cosas no constituyen el plan de Dios para nuestro cuerpo.

La verdadera belleza

Los versículos citados anteriormente de 1 Pedro 3 hablan de vestirse con pudor en el contexto de las relaciones. Las esposas no deben concentrarse en su adorno externo, sino más bien considerar cómo sus acciones y actitudes pueden afectar a sus maridos. Incluso pueden ganar a los no cristianos para el reino de Dios por su "conducta casta y respetuosa" (v. 2). La verdadera belleza tiene que ver con cómo nos relacionamos con los demás y cómo mostramos el carácter de Dios a quienes nos rodean. Es mejor pasar tiempo en la Palabra de Dios adornando tu corazón que frente al espejo embelleciendo tu rostro.

Esto no quiere decir que nuestras elecciones sobre nuestro cuerpo no importen. De hecho, pueden desempeñar un papel en la comunicación del evangelio. Nuestra manera de vestir, por ejemplo, cuenta una historia sobre cómo el evangelio nos ha tocado y para qué vivimos.

Cuando los símbolos de calaveras y tibias cruzadas se convirtieron en un furor generalizado en los Estados Unidos, y muchas jóvenes estaban adoptando un estilo gótico tenebroso, hice preguntas como estas a mis hijas: "¿Qué historia cuenta ese aspecto? ¿Es coherente con la historia de salvación vivificadora en tu vida?". No establecí reglas sobre lo que mis hijas podían o no usar, pero traté de ayudarlas a pensar en cómo sus elecciones de ropa reflejaban o no la forma en que Dios las había creado y las cosas que había hecho por ellas. ¿Serían los símbolos de muerte y oscuridad un buen indicador del gozo que habían encontrado en Cristo? Mis hijas no siempre se visten de acuerdo con las reglas que algunos legalistas cristianos quieren que obedezcan (una lleva un aro en la nariz y la otra se acaba de teñir el cabello de verde) y es posible que tengan ideas diferentes a las mías sobre cómo es una vestimenta pudorosa, pero lo que me enorgullece es que sus elecciones para su cuerpo físico reflejan corazones que llevan el carácter y la disposición de nuestro Dios. Nada es más hermoso que eso.

Del mismo modo, debemos ver el sexo como un retrato del amor sagrado de Dios y no permitir que Satanás lo tergiverse y empañe. Debemos enseñar respeto por el cuerpo que Dios nos ha dado.

Toda mujer que publica una historia de #yotambién tiene más que contar de lo que reveló su tuit. Hay demasiadas historias de mujeres profundamente heridas por hombres y, en el fondo, por la aceptación de nuestra cultura de la mentira de que el cuerpo físico puede separarse del ser espiritual y emocional. Quizás esa sea tu historia y, si lo es, lo siento profundamente. Si aún no lo has hecho, habla con una cristiana sabia en quien puedas confiar y comienza a buscar ayuda y encontrar sanidad. Para todas nosotras, hay mucho trabajo por hacer mientras consolamos y oramos con las personas sobrevivientes en lo que puede parecer un mundo extremadamente peligroso.

La verdadera belleza tiene que ver con cómo nos relacionamos con los demás y cómo mostramos el carácter de Dios a quienes nos rodean.

No más vergüenza

En el huerto del Edén, Adán y Eva se dieron cuenta de su desnudez tan pronto como pecaron. Su inocencia perdida y su intimidad estropeada los llenó de vergüenza. En su desnudez, Dios les dio algo para cubrirse. La primera forma en que Dios consoló a su pueblo pecador fue aliviarlos de su vergüenza y suplir lo que necesitaban para sus cuerpos físicos.

Como escribe el pastor y erudito Robert Covolo: “La dádiva de la ropa revela a un Dios que nos encuentra en nuestra condición vergonzosa y pecaminosa y nos cubre por medio de una muerte sacrificial".[5] Hoy Dios también nos llama a dejar atrás la vergüenza y el dolor y nos muestra un prototipo más alto para nuestros cuerpos, independientemente de lo que hayamos hecho y lo que nos hayan hecho. Nuestros cuerpos son "miembros de Cristo", unidos con el Señor Jesús (1 Corintios 6:15).

> ¿O ignoráis que vuestro cuerpo es templo del Espíritu Santo, el cual está en vosotros, el cual tenéis de Dios, y que no sois vuestros? Porque habéis sido comprados por precio; glorificad, pues, a Dios en vuestro cuerpo y en vuestro espíritu, los cuales son de Dios (1 Corintios 6:19-20).

• • •

PREGUNTAS DE REFLEXIÓN

1. La exitosa autora del *New York Times,* Wendy Shalit, señala que el pudor debería ser "un impulso que protege lo que es precioso e íntimo" y no una excusa para esconder las partes de nuestro cuerpo de las cuales nos avergonzamos. ¿Qué piensas del pudor a la hora de vestirte?

   ____

   ____

   ____

5. Robert Covolo, "The Biblical Meaning of Clothing", www.christianitytoday.com/ct/2015/july-august/biblical-meaning-of-clothing.html (consultado el 22 de noviembre de 2019).

2. Con respecto a la belleza, a la luz del pasaje de 1 Pedro 3:3-4, ¿qué "es de grande estima delante de Dios"? ¿Cómo debería influir esto en tu forma de pensar acerca de tu cuerpo?

____

____

____

3. En este capítulo hemos visto que "la palabra hebrea para intimidad sexual, *yadá,* significa 'conocer, ser conocido, ser profundamente respetado'". ¿Cómo contrasta esto con el punto de vista del mundo respecto a las relaciones sexuales?

____

____

____

4. ¿Crees que tu manera de vestir cuenta una historia sobre cómo el evangelio te ha tocado y para qué vives? ¿Por qué sí o por qué no?

____

____

____

5. ¿Qué prototipo nos muestra Dios para nuestro cuerpo? (Lee 1 Corintios 6:19-20).

____

____

____

4. Cómo trabajar para la gloria de Dios

Chelsea Patterson Sobolik

Mi esposo y yo apenas llevábamos dos meses de casados y todavía nos estábamos adaptando a nuestra nueva vida juntos cuando mi vida profesional de repente se derrumbó. En ese momento trabajaba en el Capitolio, y mi jefe renunció al Congreso a mitad de su mandato. Junto con el resto de su personal, perdí mi empleo. En un día, todo mi mundo profesional se hizo añicos ante mis ojos y pasé meses recogiendo los pedazos.

Por la bondad de Dios, pude encontrar rápidamente un nuevo empleo para ayudar a pagar las cuentas, pero no disfrutaba con ese trabajo. Pasaba mis días entre montones de papeles y la postura de mi corazón se inclinaba más hacia la queja que hacia la gratitud por la provisión del Señor. Hasta ese momento de mi vida, siempre había procurado trabajar con excelencia, pero no me había dedicado mucho a examinar el tema del trabajo a la luz de las Escrituras. Sin embargo, ahora, mientras lamentaba la pérdida de mi empleo, también comenzaba a luchar con lo que Dios decía sobre el trabajo.

El trabajo era parte del diseño original de Dios y todos estamos llamados a esta buena disciplina. Sin embargo, nuestro trabajo puede tomar formas muy diferentes. Algunas personas hacen un trabajo de oficina tradicional de 9 a 5; otras se dedican a criar a sus hijos en el hogar; otras han asumido el papel de cuidar a sus padres ancianos.

Muchas de nosotras buscamos equilibrar una combinación de diferentes tipos de trabajo.

Todas hemos enfrentado frustraciones en el trabajo, ya sea por las tareas que estamos haciendo o por las personas con las que trabajamos. Sin embargo, también es probable que hayamos sentido una profunda satisfacción en nuestro trabajo al poner nuestro corazón en él y ver los frutos de nuestro esfuerzo.

Nos sentimos fácilmente tentadas a tener una visión equivocada del trabajo, ya sea al magnificarlo o al subestimarlo. Es de vital importancia que recordemos las verdades de las Escrituras y que permitamos que la Palabra de Dios dicte nuestra manera de pensar sobre el trabajo en lugar de permitir que otras cosas determinen nuestra actitud hacia esta parte importante de nuestras vidas.

En el huerto

En los primeros versículos de la Biblia, vemos la creación del mundo desde la primera fila de asientos. El relato detalla cómo Dios trabajó para diseñar y ordenar el mundo. Día tras día, el Señor hizo que existieran diferentes aspectos de la creación. El punto culminante fue la creación de la humanidad: los únicos seres hechos a imagen de Dios.

> Entonces dijo Dios: Hagamos al hombre a nuestra imagen, conforme a nuestra semejanza; y señoree en los peces del mar, en las aves de los cielos, en las bestias, en toda la tierra, y en todo animal que se arrastra sobre la tierra. Y creó Dios al hombre a su imagen, a imagen de Dios lo creó; varón y hembra los creó. Y los bendijo Dios, y les dijo: Fructificad y multiplicaos; llenad la tierra, y sojuzgadla... (Génesis 1:26-31).

Después de crear al hombre y la mujer, el Señor descansó. Todo lo que había hecho hasta entonces había sido trabajar: eso significa que el trabajo precedió a la caída. Así ocurrió también con el trabajo humano. Después que el Señor hizo a Adán, las Escrituras señalan que "Tomó, pues, Jehová Dios al hombre, y lo puso en el huerto de Edén, para que lo labrara y lo guardase" (Génesis 2:15).

El pastor y autor Tim Keller nos recuerda esto en su libro sobre el trabajo, *Every Good Endeavor* (*Toda buena obra*):

> El libro de Génesis nos presenta una verdad sorprendente: el trabajo era parte del paraíso. El trabajo es una necesidad humana tan básica como la comida, la belleza, el descanso, la amistad, la oración y la sexualidad; no se trata solo de una medicina, sino también de un alimento para nuestra alma (p. 36).

El trabajo era parte del diseño original de Dios y todos estamos llamados a esta buena disciplina.

Sin embargo, si Dios creó el trabajo para nuestro bien, ¿por qué a menudo enfrentamos frustraciones en este?

En Génesis 3 leemos sobre la desobediencia de Adán y Eva al mandamiento de Dios y cómo el pecado entró en el mundo. Este suceso, la caída, afectó todo, incluido nuestro trabajo. Para Adán, el trabajo ahora sería difícil y doloroso (Génesis 3:17-19). Nosotras también somos conscientes de la consecuencia de la caída para el trabajo, ya que luchamos con compañeros de trabajo difíciles, el desánimo en la crianza de los hijos, la envidia por el éxito de los demás o el esfuerzo diario por concentrarnos y poner el trabajo en su debido lugar.

En esta tierra, los cristianos están llamados a crecer en piedad y luchar contra el pecado y la tentación. En 2 Pedro 1:3 leemos: "Como todas las cosas que pertenecen a la vida y a la piedad nos han sido dadas por su divino poder [de Dios]". La buena noticia para los cristianos es que no estamos solos mientras atravesamos la lucha y la tentación. Dios nos ha dado el Espíritu Santo, que vive dentro de nosotros y nos ayuda a combatir el pecado. Además, esperamos el día cuando todo se enmendará y restaurará, y viviremos en un mundo perfecto sin luchas ni tristezas. Jesús ha prometido prepararnos un lugar y volverá para llevarnos con Él.

Fortalecidas por tal conocimiento, es hora de correr el velo y considerar con sinceridad algunas de las tentaciones que enfrentamos en referencia al trabajo.

1. Trabajar en exceso y agradar a las personas

Vivimos en una sociedad donde se glorifica la condición de estar siempre ocupados. Todos quieren parecer importantes; por eso sobrecargamos nuestras agendas con citas, reuniones y compromisos —demasiados—, para sentir que nuestros días tienen propósito y valor.

Esta glorificación de estar siempre ocupados está relacionada con el hecho de que nuestra cultura parece estar siempre conectada. La tecnología es una dádiva maravillosa: con solo tocar un botón, puedes llamar a una amiga, pedir comida, compartir una foto de tu nuevo cachorro y mucho más. Sin embargo, estar constantemente conectadas significa que podemos sentirnos tentadas a estar siempre trabajando. O, al menos, podemos sentir que deberíamos revisar nuestras notificaciones para asegurarnos de que no nos perdimos nada.

Me encanta trabajar y, a menudo, lucho por establecer límites saludables. Mi mente me dice constantemente que debería trabajar más rápido, más duro y por más tiempo. Esos sentimientos se exageran cuando entro a las redes sociales y me encuentro con publicaciones que me muestran lo duro que están trabajando los demás y lo que han logrado. El mensaje que internalizo es que, para estar a la altura de los demás, no debo dejar de trabajar. Así que redoblo mis esfuerzos para ser productiva y demostrar cuánto valgo.

¿Cómo puede manifestarse en tu propia vida esta tendencia al trabajo excesivo, la comparación y el agradar a las personas? Quizás reconozcas algunas de las siguientes declaraciones:

- Entras al correo electrónico, cuando deberías entrar al corazón de tus hijos.

- Le das un "me gusta" a algunas fotos en Instagram, cuando deberías animar verbalmente a tus amigas en la vida real.
- No pones límites a tu teléfono y lo tienes fácilmente accesible a todas horas del día y de la noche.
- Usas tu teléfono en la cama, lo cual es perjudicial para tu patrón de sueño.

Este tipo de comportamiento es agotador y desmoralizante, pero es muy común.

2. Perfeccionismo

A menudo, junto con el trabajo excesivo, hay una tendencia hacia el perfeccionismo: una negativa a aceptar cualquier norma que no sea la perfección. El perfeccionismo puede ser un pecado porque nos colocamos a nosotras mismas, así como a nuestro esfuerzo y nuestro esmero en el centro de la obra, en lugar de buscar principalmente agradar al Señor. Cuando tienes una visión equivocada del trabajo, usurpas el trono y te colocas allí por pensar que tu esfuerzo y tu fortaleza serán los que te impulsarán a la victoria. Piensas que si puedes hacer un poco más estarás haciendo lo suficiente. Cuando no logras alcanzar tus propias normas elevadas, te desmoralizas.

Es vital recordar que, finalmente, el éxito no está en nuestras manos. Pertenece al Señor. Estamos llamadas a trabajar duro y con excelencia, pero también estamos llamadas a confiar en el Señor por el resultado de nuestro trabajo. Nunca podremos ser perfectas. Solo Él es perfecto.

3. Pereza

Cuando pensamos en la pereza, a menudo nos imaginamos a una persona apoltronada en el sofá mirando un maratón de películas de Netflix y sin un compromiso fiel con el trabajo. Sin embargo, puede incluir comportamientos que quizás no identifiquemos inmediatamente como la pereza. Una de las formas más importantes en las que lo he visto en mi propia vida es que descanso cuando debería estar trabajando y trabajo cuando debería estar descansando.

Cuando estoy en el trabajo, a menudo abro mi computadora, reviso mi correo electrónico, Twitter, Facebook, Slack y luego comienzo a abordar mis tareas. Quince minutos más tarde, realizo todo el proceso otra vez. Si no tengo cuidado, todo el día será así y nunca me dedicaré de lleno y a pleno a mi trabajo. Muchas de nosotras abordamos nuestro trabajo de esta manera.

> Estamos llamadas a trabajar duro y con excelencia, pero también estamos llamadas a confiar en el Señor por el resultado de nuestro trabajo.

A menudo abordo el descanso de manera similar. Por la noche o los sábados, cuando se supone que debo estar descansando, paso horas en las redes sociales o respondiendo correos electrónicos que pueden esperar. Como resultado, nunca descanso por completo y, cuando vuelvo a dedicarme al trabajo, no estoy tan descansada física, emocional o espiritualmente como podría haber estado. Esto nos lleva a una vida que nunca se dedica por completo al trabajo ni al descanso, dos cosas que Dios nos manda hacer.

En esencia, la pereza es una mala mayordomía del tiempo. Si somos llamadas a ser mayordomos, debemos pensar adecuadamente en cómo empleamos el tiempo. Sería bueno hacer eco de la oración del salmista en el Salmo 90:12:

> Enséñanos de tal modo a contar nuestros días,
> Que traigamos al corazón sabiduría.

La raíz de nuestras luchas

En el fresco del huerto del Edén, Satanás susurró al oído de Eva que ella podía ser como Dios. Esta es la raíz de muchas de nuestras luchas: centrarse en uno mismo en lugar de estar centrado en Dios. Los seres humanos están hechos a imagen de Dios, pero nunca fuimos destinados a ser Dios. Cuando nos centramos en nosotros mismos, a menudo buscamos trabajar para obtener lo que solo Dios puede darnos: significado, importancia, aceptación y propósito. El trabajo es una buena dádiva, pero un dios terrible.

Hay muchas otras tentaciones que enfrentaremos en nuestro trabajo, y ahí es donde entra en juego el cuerpo local de Cristo. Ninguno de nosotros debería vivir o trabajar aislado. El Señor ha llamado a los cristianos a ser parte de un cuerpo local de creyentes. Te insto a llevar tus preguntas y tus frustraciones particulares a tu pastor y comunidad de la iglesia. Invítalos a tu vida y déjate conocer y amar profundamente por la iglesia.

Para la gloria de Dios

Hay buenas noticias para nosotras al enfrentar y luchar contra las tentaciones en este lado de la eternidad. La cruz de Cristo lo cambia todo, incluida la forma en que abordamos nuestro trabajo. Podemos descansar en la obra consumada de Cristo, porque ya no tenemos que luchar por aceptación o propósito. Todo eso se encuentra en Jesús. La cruz nos hace libres para desarrollar una nueva identidad como hijas amadas del Rey.

Todos tenemos pasiones y dones que Dios nos ha dado, y debemos administrarlos para la gloria de Dios y el bien de otros. Después de todo, Jesús ha dado a nuestra vida dos grandes propósitos: amar a Dios y amar a nuestro prójimo (Mateo 22:34-40).

Tengo una nota adhesiva en mi computadora con el versículo de Colosenses 3:23:

> Y todo lo que hagáis, hacedlo de corazón, como para el Señor y no para los hombres.

Mientras me dedico a mi trabajo diario, recuerdo que mi trabajo es, principalmente, para el Rey Jesús. Cuando recordemos que estamos llamados a servirlo, nuestras alegrías y tristezas estarán menos supeditadas a las victorias y los éxitos en nuestro trabajo y, en cambio, estarán firmemente supeditadas a nuestra identidad en Cristo.

¿Qué significa trabajar para la gloria de Dios? Una de las cosas más importantes que debemos recordar es que no somos nuestras propias dueñas, y nuestras acciones no nos reflejan a nosotras mismas. Reflejan a Dios: "Así que, somos embajadores en nombre de Cristo" (2 Corintios 5:20). Trabajar para la gloria de Dios significa que debemos proponernos amar al Señor con toda nuestra mente, con todo nuestro corazón y con toda nuestra alma, y amar a nuestro prójimo como a nosotros mismos. Podemos organizar nuestro tiempo con esto en mente.

Todo lo que hacemos es importante para Dios, y podemos usar nuestras palabras y hechos para mostrar al Señor a otros. Eso significa que podemos glorificar a Dios en muchas temporadas y circunstancias diferentes de nuestra vida. Entonces... Si estás cambiando el pañal de un bebé, hazlo para la gloria de Dios.

Si estás escribiendo un correo electrónico, hazlo para la gloria de Dios.

Si saludas a un cliente, hazlo para la gloria de Dios.

Si estás preparando la cena para tu familia, hazlo para la gloria de Dios.

Una cita que a menudo se atribuye al gran reformador Martín Lutero señala este punto:

> La criada que barre la cocina hace la voluntad de Dios del mismo modo que lo hace el monje que ora; no porque puede estar cantando un himno mientras barre, sino porque a Dios le gustan los pisos limpios. El zapatero cristiano cumple su deber cristiano, no al poner una pequeña cruz en cada zapato, sino al hacer buenos zapatos, porque a Dios le gusta el trabajo bien hecho.

Todo trabajo es valioso para el Señor y todo trabajo es importante. Por lo tanto, si te sientes atrapada en un trabajo que no disfrutas o pierdes el trabajo repentinamente como me sucedió a mí, recuerda que ese tiempo no está perdido. El Señor puede usarlo, y lo ha usado, para ayudarte a amarlo y amar mejor a tu prójimo.

Después que me gradué de la universidad, comencé un proceso de inscripción en una agencia misionera. Había pasado años planeando mudarme al extranjero y dedicarme al ministerio. Sin embargo, en medio del proceso sentí que el Señor me pedía que hiciera un alto. Obedecí su voz, aunque estaba confundida. Más tarde me di cuenta de cuánto orgullo había en mi corazón. Había caído en la mentira de que ser una misionera era más piadoso que cualquier otra cosa, e inconscientemente creía que el Señor me amaría más si me dedicaba al ministerio de tiempo completo. Pensé que el ministerio de tiempo completo valía más que el trabajo regular en la economía de Dios.

Todo trabajo es valioso para el Señor y todo trabajo es importante.

Este punto de vista era lineal, limitado y, francamente, no bíblico. En su soberanía, el Señor nos coloca en diferentes esferas de influencia y trabajo, y todos tenemos la oportunidad de hacer brillar la luz de Cristo dondequiera que vayamos, incluso si nuestro cargo laboral no incluye el "ministerio".

En todo lo que hacemos, hay una realidad más profunda y verdadera de la que podemos ver. Lo que hacemos en la tierra es importante porque nos instruye y hace lo mismo con las personas que nos rodean. Cuando buscamos amar a Dios y a los demás en lo que hacemos, estamos practicando para el cielo. Estamos ensayando y practicando para la eternidad, que estará llena de la gloria de Dios.

Interrumpe el trabajo

Trabajar para la gloria de Dios significa que podemos descansar del trabajo sin sentirnos culpables.

El descanso nos recuerda que Dios es Dios y no nosotras. No fuimos creadas para ser seres sin límites. Fuimos creadas para ser criaturas dependientes, necesitadas de descanso y sueño regulares.

Los dos primeros versículos del Salmo 127 nos recuerdan la soberanía del Señor y nuestra responsabilidad de confiar y descansar en Él:

> Si Jehová no edificare la casa,
> En vano trabajan los que la edifican;
> Si Jehová no guardare la ciudad,
> En vano vela la guardia.
> Por demás es que os levantéis de madrugada, y vayáis
> tarde a reposar,
> Y que comáis pan de dolores;
> Pues que a su amado dará Dios el sueño.

El cumplimiento del día de reposo es un mandato que el Señor da a su pueblo para su bien, pero muchos cristianos occidentales lo toman como una sugerencia. Si bien no tenemos que ser legalistas acerca del cumplimiento del día de reposo, y usarlo para condenar a las personas que no descansan, como lo hacían los fariseos, no debemos ignorarlo. Dios nos creó para trabajar seis días y descansar un día. Al igual que con el trabajo, un descanso sabático es bueno para nosotros. Debemos reorientar nuestro tiempo para honrar al Señor y seguir el ritmo con el que Él ordenó el mundo.

Fuimos creadas para ser criaturas dependientes, necesitadas de descanso y sueño regulares.

El Salmo 127 nos muestra que es necio fingir que estamos por encima de los mandamientos del Señor. Considera cómo es un día de reposo regular para ti y tu familia. Las diferentes etapas de la vida afectarán la dinámica del descanso, pero te insto a orar seriamente para que puedas tener un ritmo regular de reposo sabático.

Además de ir a la iglesia y pasar tiempo con la familia de mi iglesia, me gusta llenar mis días de reposo con algunas de mis actividades vigorizantes favoritas: salir a caminar, escribir un diario, hornear, tomar una siesta y leer un buen libro. Otra práctica sumamente beneficiosa es incluir tiempo para estar alejada del teléfono y las redes sociales. Intenta establecer límites diarios sobre el uso de la tecnología. Nuestro teléfono puede convertirse fácilmente en nuestro amo si no tenemos cuidado, y establecer límites ayuda a colocarlo en su debido lugar.

Cuando dejes de trabajar, cuelga el teléfono y descansa; te estarás negando a dejarte llevar por el deseo de agradar a las personas; estarás resistiendo el impulso perfeccionista de hacer un poco más; y te estarás recargando de la energía que necesitas para no caer en la pereza. Estarás adoptando una visión bíblica del trabajo: una que valora mucho el trabajo y lo toma en serio, pero que reconoce que amar al Señor es lo que más importa.

Al terminar este capítulo, me gustaría animarte a hacer una pausa y orar. Pídele al Señor que te dé sabiduría para atravesar la temporada de trabajo en la que te encuentras. Pídele que te enseñe lo que significa amar a Dios y amar a tu prójimo a través de tu trabajo. Pídele que te revele los ídolos a los que podrías estar aferrada en lugar de rendir toda tu vida a Él.

Espero que puedas encontrar una profunda y abundante satisfacción en tu trabajo. No obstante, sea lo que sea, espero ante todo que puedas descansar en la promesa de Jesús de que vendrá para hacer nuevas todas las cosas. Juntas, esperemos el día en que trabajemos sin luchar y descansemos con la alegría más profunda que podamos imaginar.

• • •

PREGUNTAS DE REFLEXIÓN

1. Según lo que hemos aprendido en este capítulo, ¿cuáles son las tres tentaciones que enfrentamos en referencia al trabajo? ¿Cuál de ellas representa un desafío para ti?

____

____

____

2. ¿Cómo puede manifestarse en tu propia vida esta tendencia al trabajo excesivo, la comparación y el agradar a las personas?

____

____

____

3. ¿De qué manera práctica puedes hacer eco de las palabras del Salmo 90:12: "Enséñanos de tal modo a contar nuestros días, que traigamos al corazón sabiduría"?

____

____

____

4. A la luz de lo que hemos visto en este capítulo, ¿qué nos recuerda el descanso? ¿Qué cosas prácticas podrías realizar en tu día de reposo además de ir a la iglesia?

____

____

____

5. ¿Qué implica para ti trabajar para la gloria de Dios?

5. El valor de la literatura

Karen Swallow Prior

A menudo se insta a los padres a que les lean a sus hijos. Ayuda a los niños a aprender a leer por sí mismos cuando les leemos con cierta regularidad y frecuencia desde una edad muy temprana. A casi todos los niños pequeños les encantan los cuentos y las rimas, y se les puede animar a disfrutar y gozar del lenguaje y los libros. Los padres deberían cultivar ese amor cuanto antes mejor.

A medida que crecemos, todos seguimos leyendo de alguna manera. Leemos libros de texto para aprender mientras estamos en la escuela. Leemos periódicos y revistas para estar informados. Como cristianos, leemos la Biblia para conocer a Dios y crecer en Él. Sin embargo, para muchos sucede algo que les quita el amor natural por leer historias. No leemos libros por placer como lo hacen los niños. Podemos asegurarnos de tener tiempo para libros sobre teología y vida cristiana, pero no nos aventuramos a leer otros géneros.

No obstante, el teólogo Kevin Vanhoozer dice que una imaginación, entrenada y desarrollada en la lectura de literatura, es un "ingrediente vital" en la santificación del creyente.[1] No debemos pensar en los libros como una mera herramienta educativa (aunque es muy eficaz). Leer historias y un lenguaje de amor puede ayudarnos a buscar a Dios y amar más a su pueblo.

1. Entrevista en www.thegospelcoalition.org, 2 de junio de 2007.

El poder de la palabra

> En el principio era la Palabra, y la Palabra era con Dios, y la Palabra era Dios. Ella era en el principio con Dios. Todas las cosas fueron hechas por medio de ella, y sin ella no fue hecho nada de lo que ha sido hecho (Juan 1:1-3, RVA-2015).

La Biblia usa "Palabra" (o *logos* en el griego original) para referirse directamente tanto a Cristo como a las Escrituras, la Palabra revelada de Dios. ¡Esto no es una coincidencia! El cristianismo es una religión de la Palabra. Dios se revela a sí mismo a través de palabras, sobre todo a través de las palabras de las Escrituras. La palabra *logos* es de donde deriva la palabra "lógico". Tiene que ver con la racionalidad y el orden.

Esto describe la forma en que funcionan las palabras, ya sean escritas o habladas. A diferencia de los mensajes o imágenes visuales, las palabras deben entenderse de forma lineal y lógica. Imagínate tomar todas las palabras de un pasaje favorito de un libro y esparcirlas en una hoja de papel. Las mismas palabras que tenían tanto significado en su orden lineal ahora no tendrían ningún sentido. Está en la naturaleza de las palabras —y de toda la literatura— presentar el significado que contienen de una manera lógica y lineal.

> Cultivar el hábito de leer en la iglesia puede ayudarnos a recuperar nuestra propia herencia.

Esto también revela algo de la naturaleza de Dios, así como la forma en que obra a través del tiempo hacia la redención. Dios es un Dios de orden, lógica y razón. Por eso se nos revela en la Palabra. A Cristo se le llama Palabra en parte porque representa el orden del universo; fue a través de Él que se hizo la creación ordenada. La misma forma que toma la literatura refleja este aspecto de la naturaleza de Dios.

Sin embargo, no es solo en este nivel conceptual que el cristianismo es una religión de la Palabra. La vida de Cristo, la enseñanza de los apóstoles y la historia de la expansión del cristianismo se conservan en forma escrita: los Evangelios (una palabra que literalmente significa "historia buena"), el libro de los Hechos y las cartas. La iglesia primitiva sabía que era vital compilar el Nuevo Testamento a partir de estos textos que son la Palabra inspirada de Dios. Los primeros siglos de la iglesia estuvieron marcados por escritos adicionales que, aunque subordinados a las Escrituras, también sostuvieron y enseñaron a los nuevos creyentes, y pueden continuar enseñándonos hoy.

Más adelante, la Reforma Protestante renovó este énfasis en la palabra escrita. De hecho, el momento decisivo del movimiento implicó un texto escrito —las noventa y cinco tesis de Lutero— clavado en una puerta para que todos lo vieran. La clave de la Reforma fue la idea de que las personas deberían poder leer la Palabra de Dios en su propio idioma. La alfabetización fue fundamental para toda la Reforma y la iglesia y la cultura que esta creó.

Parte de la gran literatura del mundo ha sido escrita por escritores y pensadores cristianos (al menos en lo que respecta a su cosmovisión): *El paraíso perdido* de John Milton; *El progreso del peregrino* de John Bunyan; *Robinson Crusoe* de Daniel Defoe; *Los viajes de Gulliver* de Jonathan Swift; *Orgullo y prejuicio* de Jane Austen; *Jane Eyre* de Charlotte Brontë. La lista continua. Sin embargo, en la época contemporánea, se puede observar que menos literatura importante proviene de escritores cristianos. Esta es una razón para que los cristianos lean (¡y escriban!) más literatura. La falta de escritos literarios sólidos en la iglesia de hoy es el resultado de la inanición: tenemos una comprensión y una apreciación del arte literario menos sólidas que nuestros antepasados. Esta es una desviación de la tradición protestante. Cultivar el hábito de leer en la iglesia puede ayudarnos a recuperar nuestra propia herencia.

Actos de la imaginación

Por supuesto, leer literatura no es solo para aquellas personas que tienen aspiraciones de escribir su propia literatura. Es algo que todos podemos hacer, estemos o no acostumbrados a leer.

Hay quienes disfrutan de libros sobre teología y vida cristiana, pero se mantienen alejados de las novelas y la poesía. Es cierto que vale la pena leer libros diseñados específicamente para ayudarnos a crecer como cristianos. Sin embargo, así como un atleta que se entrena para un maratón debe variar su ejercicio y entrenar de diversas formas para maximizar su desempeño en la carrera, el lector encontrará que leer varios géneros de libros puede fortalecer su vocabulario, comprensión y capacidad de pensamiento crítico. Estas cosas pueden mejorar nuestro disfrute y comprensión de la Biblia y los libros de teología.

Por ejemplo, algunas de las mejores obras de teología utilizan lenguaje poético y figuras retóricas para presentar verdades poderosas de manera aún más poderosa. La mente que se ejercita leyendo poesía o prosa poética es a menudo más receptiva a las perlas de verdad contenidas en tal lenguaje literario. Esto también se aplica a las Escrituras. La Biblia se compone de varios géneros literarios, cada uno con sus propias reglas y exigencias, y el lenguaje de la Biblia es uno de los más bellos y más citados en el mundo. Mejorar nuestras habilidades de lectura nos ayuda a comprender y apreciar la Palabra revelada de Dios cuando nos habla a través de ella por medio de su Espíritu.

La literatura también enseña y forma nuestra mente de manera más amplia. Somos por naturaleza criaturas con imaginación, y la forma en que desarrollamos y alimentamos la imaginación no es poca cosa. Necesitamos imaginaciones que busquen a Dios y conecten nuestra historia con la suya: que busquen formas en las que Él está obrando en nuestra vida y en la vida de quienes nos rodean.

Dios expresó su deleite por el mundo que había creado al declarar que era bueno, y quiere que los portadores de su imagen también experimenten el deleite en lo que es bueno. Una forma de apreciar el mundo que nos rodea es a través de los libros. Cuanto mejor seamos para la lectura, y cuanto más completa y cuidadosamente leamos, más disfrutaremos tanto del lenguaje como del mundo creado por Dios que describe el lenguaje.

Leer buena literatura nos permite deleitarnos con una historia bien contada, una frase bien traducida, una descripción bien captada o una verdad bien expresada. Esta es una buena mayordomía de la maravillosa dádiva del lenguaje de Dios. Y tomar conciencia de estas cosas en los libros nos ayudará a darnos cuenta de lo que vemos en el mundo que nos rodea y a encontrarle significado. En lugar de pasar por delante de la zapatilla rosa gamuzada que quedó en la acera, podríamos preguntarnos cómo llegó allí y dónde está su par. En lugar de centrarnos en nuestro trabajo o en la música de nuestros auriculares en el tren, podríamos mirar a las personas que nos rodean y preguntarnos adónde van y qué experiencias las han llevado hasta aquí. Estos son pequeños ejemplos cotidianos del uso de la imaginación humana. Sin embargo, son diferentes solo en el grado de las grandes preguntas universales sobre la condición humana: ¿Quién soy yo? ¿De dónde vengo? ¿Cuál es el significado de mi vida?

Leer buena literatura nos permite deleitarnos con una historia bien contada, una frase bien traducida, una descripción bien captada o una verdad bien expresada.

Las respuestas a estas preguntas se encuentran solo en la Palabra de Dios. Sin embargo, es en pequeños actos de imaginación que pueden comenzar tales preguntas.

Todo lo que es verdadero...

La vida puede ser larga, pero la lista de libros que existe en el mundo lo es aún más. Una vida de lectura nunca podrá leer ni siquiera una fracción de los buenos libros que existen. Puede parecer abrumador para el lector potencial que no sabe por dónde empezar.

Un versículo de la carta de Pablo a los Filipenses se cita a menudo como un buen principio para elegir qué leer.

> Por lo demás, hermanos, todo lo que es verdadero, todo lo honesto, todo lo justo, todo lo puro, todo lo amable, todo lo que es de buen nombre; si hay virtud alguna, si algo digno de alabanza, en esto pensad (Filipenses 4:8).

Cuando aplicamos este versículo a nuestros hábitos de lectura, puede parecer a primera vista que deberíamos leer solo literatura alegre y liviana, que no sea demasiado deprimente y desesperante, y que no contenga pecado. No obstante, una comprensión más profunda del significado de Pablo nos ayudará a ver cómo practicar el discernimiento no solo en nuestra elección del material de lectura, sino también en la forma en que leemos.

Considera la palabra "puro", por ejemplo. Otra palabra para "pureza" es "integridad". Una obra que tiene integridad es aquella que no miente sobre la experiencia humana ni engaña para llegar a un final feliz. Puede presentar un personaje con muchos defectos, pero también agradable, como una persona real. Se pedirá al lector que realice un trabajo de examen profundo y sincero, tanto del libro como de sí mismo. Debemos tratar de comprender la complejidad de tal personaje y notar nuestras propias respuestas hacia él o ella.

La palabra "verdadero" lo aclara aún más. Algunas de las obras literarias más inocentes y alegres son las menos verdaderas. Algunos libros pueden presentarnos una verdad que duele: descripciones de sufrimiento y dolor o historias sobre el pecado que reconocemos en nosotros mismos. Tales cosas pueden ser difíciles de leer, pero eso no significa necesariamente que sea malo para nosotros hacerlo.

Este versículo también habla de lo que tiene "virtud alguna" y es "digno de alabanza". Cuando se aplican a los libros, estas frases llaman a los lectores a considerar la reputación de una obra entre aquellos que conocen bien la literatura. Las obras que han pasado la prueba del tiempo y han recibido elogios universales suelen considerarse excelentes y loables. Por supuesto, algunos de estos textos pueden ser difíciles debido a un lenguaje antiguo o un contexto que exige conocimiento histórico. Debemos ser realistas acerca de nuestras propias habilidades y experiencia de lectura, pero no debemos tener miedo de la literatura clásica solo porque puede representar un desafío. Si es excelente y loable, vale la pena leerlo.

La Biblia también señala que no todas las cosas que son lícitas son necesariamente buenas (1 Corintios 10:23). Algunos libros pueden no ser buenos para determinadas personas, quizás porque los tienten a caer en un pecado en particular. Del mismo modo, un erudito literario instruido puede obtener gran beneficio de un libro que no serviría de la misma manera a un lector menos experimentado. Necesitamos pedir al Espíritu Santo que nos ayude a pensar críticamente sobre nuestras opciones de lectura y tratar de comprender cómo una obra puede influirnos. A medida que nos esforzamos por alcanzar la madurez en nuestro pensamiento y en nuestra capacidad para enfrentar cómo es el mundo, debemos aprender a distinguir entre un desafío saludable y un obstáculo.

Como personas cristianas que buscamos amar a quienes nos rodean, podemos leer para desarrollar empatía y compasión por nuestro prójimo en la vida real.

Una gran dádiva

La lectura es una forma maravillosa de ayudar a los niños a aprender. No se trata solo de que les enseñe el idioma y les ayude a desarrollar sus propias habilidades de lectura y escritura. También les presenta personas, lugares y experiencias que tal vez no conozcan de manera directa. Lo mismo sucede para cualquiera de nosotras: la lectura expande nuestros horizontes mentales, emocionales e imaginativos. Como personas cristianas que buscamos amar a quienes nos rodean, podemos leer para desarrollar empatía y compasión por nuestro prójimo en la vida real.

Sin embargo, la lectura también nos lleva a deleitarnos en el mundo que nuestro Dios ha creado: la infinita variedad de personas, lugares y criaturas que Él ha hecho. Hay mucho para disfrutar en sus dones de imaginación, creatividad y lenguaje. Esta es la mejor razón de todas para leerles a los niños y enseñarles a usar los libros. Animo a las personas de cualquier edad a leer no solo las cosas que creen que "deberían" leer, sino también las que les gusta leer. Ciencia ficción, novelas históricas, romance, crimen, artículos sobre la naturaleza, poesía, obras de teatro, obras de no ficción. ¡Que la lectura sea un deleite! Y ora para que la lectura te acerque más al Señor.

Si lees muy poco o nada, intenta dedicarle solo media hora hoy, tal vez antes de acostarte. O descarga audiolibros y escucha mientras haces ejercicio o conduces.

Para obtener más ayuda e ideas, consulta los siguientes recursos:[2]

- "4 consejos para una lectura eficaz", Ángel Cardoza, https://www.coalicionporelevangelio.org/articulo/4-consejos-para-leer-mejor/
- "8 obras de ficción que todo cristiano debe leer", Karen Swallow Prior, https://www.coalicionporelevangelio.org/articulo/8-obras-ficcion-cristiano-leer/
- "Coalición Radio: Hablemos de la lectura", Equipo Coalición, https://www.coalicionporelevangelio.org/articulo/coalicion-radio-hablemos-de-la-lectura/
- "¿Cómo puedo cultivar un hábito de lectura?", Steven Morales, https://www.coalicionporelevangelio.org/entradas/steven-morales/como-cultivar-un-habito-de-lectura/

2. La selección de recursos no corresponde a la lista original de recursos en inglés, sino que ha sido compilada con permiso por Editorial Portavoz.

• • •

PREGUNTAS DE REFLEXIÓN

1. ¿Cuál es el "ingrediente vital" en la santificación del creyente, según Kevin Vanhoozer?

____

____

____

2. Según lo que hemos aprendido en este capítulo, ¿de qué maneras puede la lectura de otros libros ayudarnos a comprender y apreciar mejor la Palabra de Dios?

____

____

____

3. "Leer buena literatura nos permite deleitarnos con una historia bien contada, una frase bien traducida, una descripción bien captada o una verdad bien expresada". Explica cómo esto puede ser una buena mayordomía de la maravillosa dádiva del lenguaje de Dios.

____

____

____

4. ¿De qué manera podrías desarrollar tu imaginación? Da algunos ejemplos de tu vida cotidiana.

____

____

____

5. ¿Cómo aplicarías el texto de Filipenses 4:8 a tus hábitos de lectura?

PARTE DOS

Escuchar bien

Escuchar bien: Introducción a la Parte 2

Trillia Newbell y Jackie Hill Perry

Jesús dijo a sus discípulos: "Id, y haced discípulos a todas las naciones" (Mateo 28:19), pero la mayoría de nosotras no estamos muy seguras de cómo hacerlo. Quizás admiramos a los misioneros extranjeros o a los ministros de las iglesias locales y deseamos que nuestra contribución al reino de Dios sea tan grande como la de ellos. Quizás nuestras vidas estén llenas de preocupaciones del día a día y nos olvidemos por completo de la Gran Comisión.

Entonces, ¿cómo podemos ser fieles al mandato de Jesús como mujeres comunes, que viven una vida común, donde el llamado a las misiones no está asociado con nuestro trabajo diario? ¿Y cómo podemos estar contentas con nuestro servicio en el reino de Dios?

La verdad es que, cada vez que interactúas con alguien que no eres tú, tienes la oportunidad de hacer discípulos a todas las naciones. Cada vez que comienzas a hacer preguntas sobre los mensajes y discursos que escuchas en el mundo que te rodea, te estás relacionando con diferentes culturas y visiones del mundo que no son las tuyas. Tener una participación cultural es un medio para ganar personas para Cristo.

Durante cuatro años, (Jackie) colaboré en la capacitación de voluntarios para trabajar con jóvenes del centro de la ciudad en Chicago. La mayoría de estos jóvenes no conocían a sus papás y vivían en un entorno donde constantemente se moría gente a su alrededor, mientras que probablemente el 90% de nuestros voluntarios eran mujeres blancas con buenos trabajos y familias estables. Tuve que ayudar a estas mujeres a manejar el conflicto cultural.

Los mentores buscaban llevar a estos jóvenes a la fe, pero eso no significaba asimilar su propia cultura. Tenían que tratar de comprender dónde estaban las diferencias culturales para evitar condenar la cultura del barrio marginado. Además, tenían que asegurarse de enseñarles la verdad en lo que respecta al evangelio. A menudo, su propia historia de fe era muy diferente de la situación de esos jóvenes, por lo que no podían confiar en su propia experiencia; necesitaban tener una comprensión bíblica y sólida de lo que es la salvación.

En todos los contextos, la verdad sigue siendo la misma. He (Trillia) pasado un tiempo en el ministerio juvenil del barrio marginado atendiendo jóvenes que eran testigos de asesinatos y del uso de drogas. Obviamente, el asesinato y el uso de drogas no están presentes en todos los contextos de los barrios marginados, pero, en este ministerio en particular, estos jóvenes necesitaban un oído atento y la presencia persistente de un mentor y una transmisión clara del evangelio y el amor de Jesús. Durante los últimos años también he enseñado la Biblia en un centro de rehabilitación para mujeres. En cada uno de estos contextos, mi propia vida y cultura eran diferentes a las de las personas con las que estaba trabajando, pero la verdad seguía siendo la misma, y la necesidad de esa verdad era evidente tanto para sus corazones como para el mío. El evangelio tiene poder.

La Gran Comisión requiere que salgamos de lo que nos resulta cómodo e interactuemos con personas de diferentes orígenes. Si parte de ser un discípulo es buscar discipular a otros, entonces es necesario romper con tu propio mundo cultural y entrar en el de otra persona, aun cuando sea difícil.

Eso no significa que todas las personas se encontrarán en situaciones donde compartir el Evangelio sea difícil. Maneras comunes de hacerlo pueden implicar hablar con el empleado de la tienda de comestibles o relacionarnos con nuestra vecina de al lado. De un modo o de otro, tu fe se agudiza a medida que se vuelve más consciente de las cosas y circunstancias que influyen en ti, y aprendes a dejar que la Biblia forme tu pensamiento. A medida que construyes relaciones con personas que de otra manera vivirían en un mundo alejado de las influencias cristianas, les darás la oportunidad de escuchar y responder al evangelio, que son buenas noticias para todas las personas.

Esta misión podría significar volver a examinar nuestra actitud hacia los inmigrantes y las poblaciones minoritarias. Podría significar repensar la forma en que escuchamos las noticias o participamos en conversaciones nacionales sobre temas como la raza y la desigualdad. También podría ser simplemente una cuestión de ser hospitalarias: invitar a las personas a tu casa, compartir una cena, hacer preguntas, escuchar.

¡Qué hermoso es cuando tú y yo vivimos en el mundo más allá de nuestras familias, cuando abrimos nuestras puertas e interactuamos con el mundo que nos rodea! Cuando hacemos esto, debemos recordar que no vamos a salvar a la gente de su cultura, sino que debemos tratar de entender de dónde vienen y cómo el evangelio habla de su situación.

Los capítulos de esta sección comienzan a explorar cómo podemos escuchar mejor, ser reflexivas no solo sobre nuestra propia influencia cultural, nuestras suposiciones y preferencias, sino también sobre la cultura de los demás. Esta sección muestra la importancia de amar a nuestro prójimo y sugiere algunas formas de hacerlo, desde el simple acto de probar nuevos alimentos hasta la posibilidad de participar en debates nacionales.

Por supuesto, primero tenemos que estar dispuestas. Amar a nuestro prójimo puede hacernos sentir incómodas y debemos pedir a Dios que nos dé humildad. Recuerda que, aunque quieras quedarte en tu jardín, eso no es lo que Dios te ha llamado a hacer. Con su ayuda, sal. Cruza la calle, ten cuidado de los perros y llama a la puerta. Tal vez no tengan galletas, pero pueden tener algunos chicharrones, y está bien.

6. Invitar a otros a nuestra casa

Courtney Reissig

Me gusta cocinar. Me encanta experimentar con recetas, pero si bien disfruto probando cosas nuevas, no soy aventurera cuando se trata de ingredientes que no conozco. Si no sé para qué sirve algo, no lo compro. Si no puedo pronunciar el nombre de una receta, no la hago. Si es algo de lo que nunca he oído hablar, lo paso por alto. Como resultado, mi familia continúa comiendo la misma clase de alimentos que ya conocemos. Nos perdemos un mundo de combinaciones de alimentos e ingredientes que probablemente sean muy buenos porque no me tomo tiempo para diversificarme un poco más.

Creo que eso es lo que muchas veces hacemos con personas que son diferentes a nosotras. Personas de diferentes etnias, por ejemplo. Personas de otras culturas. Personas que hablan otros idiomas o siguen otras tradiciones. Personas que tienen personalidades distintas a la nuestra. Puede parecer un trabajo difícil diversificarse y cultivar tales relaciones.

No necesitamos un extenso experimento sociológico para saber que solemos sentirnos atraídas hacia personas que son como nosotras. Esto se convierte en un problema cuando nuestras preferencias y nuestras elecciones no tienen que ver con cosas como alimentos e ingredientes, sino con personas y etnias. Perderse una nueva comida sería decepcionante, pero perder relaciones con otros portadores de la imagen de Dios es mucho más serio. Afortunadamente, la Biblia no guarda silencio sobre tales cosas. A lo largo de las Escrituras, vemos a Dios llamando a su pueblo a la hospitalidad. Los israelitas recibieron el mandato de recibir a los extranjeros, personas que no eran como ellos (Levítico 19:34; Deuteronomio 10:19). Este llamado a recibir la diversidad en nuestro hogar y nuestra vida se trasladó al nuevo pacto: los escritores del Nuevo Testamento hablan repetidas veces de la necesidad de la hospitalidad, incluso hasta el punto de enumerarla como un requisito para un obispo (o anciano) (1 Timoteo 3:2).

Hablar de hospitalidad evoca, a menudo, imágenes de elegantes cenas o agasajos. Sin embargo, esa no es la forma en que la Biblia habla de la hospitalidad, ni la forma en que voy a hablar de ella en este capítulo.

La hospitalidad, como yo la veo, es una vida de recibimiento. Eso puede incluir diversos contextos y diversas acciones; por ejemplo, no tiene que implicar comida. Sin embargo, en este capítulo, hablaré específicamente sobre una vida de recibimiento que invita a otros a nuestro hogar. Esto a veces puede ser a expensas de nuestra comodidad, especialmente cuando invitamos a personas que provienen de diferente origen que el nuestro. No obstante es una forma de reflejar la diversidad de la creación de Dios y responder a su llamado de que todas las personas se unan alrededor de su trono. Nuestro hogar puede ser el vehículo mediante el cual mostramos la hospitalidad de Dios, al invitar a otros no solo a compartir una cena, sino a la familia de Dios.

Hay un pasaje que habla con especial claridad sobre el llamado a la hospitalidad, incluso cuando nuestros huéspedes puedan ser diferentes a nosotras. Nos ayudará a orientarnos mientras hablamos sobre el uso de nuestro hogar con fines de hospitalidad.

> Permanezca el amor fraternal. No os olvidéis de la hospitalidad, porque por ella algunos, sin saberlo, hospedaron ángeles. Acordaos de los presos, como si estuvierais presos juntamente

con ellos; y de los maltratados, como que también vosotros mismos estáis en el cuerpo (Hebreos 13:1-3).

A primera vista, quizás no lo notes, pero leerlo con detenimiento nos ayuda a ver que el escritor de Hebreos está llamando a los cristianos a ir más allá de sí mismos. En el contexto del libro, había persecución por todas partes. No obstante, aquí, al final del libro, recuerda a la iglesia nuevamente que sea hospitalaria con los extranjeros, personas que podrían no ser como ellos, y con los que están presos.

La práctica normativa para [los] cristianos era practicar la hospitalidad, cuidar de los presos y vivir como si algo mejor les esperara.

En otra parte, el escritor a los Hebreos les recuerda su gran sacrificio por los que estaban presos (Hebreos 10:34). Así que este no era un mandato nuevo, sino uno que ya estaban obedeciendo. La práctica normativa para estos cristianos era practicar la hospitalidad, cuidar de los presos y vivir como si algo mejor les esperara. Todos estaban unidos bajo el señorío de Cristo, desde los pobres y oprimidos hasta los ricos e influyentes. Podrían haber tenido diferentes circunstancias, pero la promesa que todos poseían —la esperanza de Cristo y su ciudad venidera— nunca podría arrebatárseles. Así que podían servir con liberalidad incluso a aquellos que tan fácilmente podrían haber sido olvidados mientras languidecían en la cárcel.

Es fácil olvidar a tales personas. Esto suele ocurrir cuando la vida va bien, porque nos amoldamos a patrones de comodidad y nos olvidamos de ayudar a otros. Sin embargo, puede ser aún más difícil recordar este mandamiento cuando la vida es difícil o cuando tú misma enfrentas persecución, como los primeros lectores del libro de Hebreos. Por eso el escritor les advierte: "No os olvidéis", sino "acordaos".

Recibir a personas desconocidas

Nosotras también debemos exhortarnos unas a otras: "'No te olvides', sino 'acuérdate' de mostrar hospitalidad a los extranjeros".

Eso incluye a cualquier persona que sea diferente a nosotras: personas de otras etnias, otros países u otros trasfondos económicos; y las personas que nos resultan difíciles de tratar o con las que al parecer no tenemos nada en común.

Para algunas de nosotras, esto puede parecer una tarea demasiado difícil. Quizás todas las personas que conoces son del mismo origen que tú y no sabes cómo encontrar amistades que provengan de diferentes comunidades. Tal vez hayas tenido malas experiencias en el pasado y tengas miedo de participar en conversaciones e interacciones que podrían ser dolorosas. Tal vez te sientas abrumada por el sesgo y los prejuicios que ves a tu alrededor y te preguntes qué diferencia podría hacer tu contribución. Tal vez sientas que ya tienes suficiente de qué preocuparte.

Aquí es donde nos ayuda sobremanera el mandamiento de Hebreos. "No os olvidéis de la hospitalidad", advierte el escritor. ¿Por qué necesitamos recordar? ¡Porque es difícil! Es cómodo estar cerca de los que ya conocemos. Es incómodo hacer el esfuerzo de conocer a personas desconocidas. Sin embargo, debemos tomarnos en serio el llamado a no olvidarnos de servir y recibir a tales personas.

Primero, esto significa recibir a otros cristianos, por diferentes que sean. Nuestros hermanos y hermanas pueden verse, sonar, actuar o pensar de manera diferente a nosotras, pero todos tenemos el mismo origen, y en el cuerpo de Cristo todos tenemos la misma herencia (Gálatas 3:28). Cuando uno de nosotros sufre, al final todos sufrimos. Cuando uno de nosotros sufre maltrato, se distorsiona la imagen de Dios. Todos somos parte del mismo cuerpo: el cuerpo de Cristo.

Segundo, también significa recibir a los no cristianos, por muy diferentes que sean. Recuerda que Dios es un Dios que recibe a todos: está llamando a un pueblo que sea de toda tribu, lengua y nación. A menudo, uno de los primeros pasos que las personas dan hacia Dios es a través del recibimiento de quienes lo llaman Padre. Cuando invitamos a los no cristianos a nuestro hogar, somos su punto de contacto con el Salvador. Al orar por los alimentos antes de comer, mostramos que tenemos un Dios que es el dador de todas las cosas buenas (Santiago 1:17). Al dar de nuestro tiempo para que puedan entrar a nuestro hogar, les mostramos que tenemos una mejor esperanza en el cielo que el ocio, el placer y la comodidad aquí en la tierra. Recibir una invitación a la casa de otra persona a veces sorprende a un incrédulo, pero también puede ser el medio de gracia de Dios en su vida.

Cuando invitamos a los no cristianos a nuestro hogar, somos su punto de contacto con el Salvador.

Es útil recordar que alguna vez fuimos personas desconocidas, tanto espiritual como socialmente. Nuestro bienestar en esta vida se debe a la acogedora hospitalidad de otra persona.

Tal vez eras nueva en una escuela y alguien se acercó a ti y se presentó. Tú eras la extraña y ella te abrió un camino. Quizás eras nueva en una iglesia o vecindario, y tus vecinos o miembros de la iglesia te dieron la bienvenida. Tú eras la extraña y te abrieron el camino. Sin embargo, el ejemplo más grande de todos lo vemos en el Dios del universo que nos ha recibido —a ti también— en su familia. No hiciste nada de tu parte, pero Dios te dio la bienvenida y un lugar en su reino. Eras una extraña y Él te abrió un camino.

Estamos aquí por la hospitalidad de otro. Por eso recibimos a los desconocidos: para continuar ese legado.

Cómo empezar

Así que, ¿cómo deberías empezar? Ves que Dios te ha recibido a ti y tú aceptas su mandato de recibir a personas desconocidas. ¿Cuál es el próximo paso?

A veces es difícil ver cómo puedes ser un instrumento en el plan de Dios de salvar a personas de todas las naciones. Tal vez tengas un trabajo agobiante y poco tiempo para actividades adicionales. O tal vez tienes niños pequeños y no ves cómo puedes agregar más personas a tu vida. Lo entiendo. He estado en la misma situación (y todavía lo estoy de muchas maneras). El resto del capítulo incluirá formas sencillas y prácticas de utilizar tu casa como un lugar de hospitalidad. Incluso puedes elegir una para todo el año. Empieza con poco o a lo grande. La idea es ver tu casa como un lugar para la hospitalidad, aunque dispongas de tiempo o recursos limitados.

Primero, ora por un corazón humilde y tierno para con aquellas personas que te resulta difícil entablar una relación. Todas debemos pedir a Dios que revele dónde hemos sido prejuiciosas o egoístas en el pasado, y pedirle que nos haga sensibles y empáticas en el futuro. Afortunadamente, Dios se deleita en contestar la oración del corazón contrito y humillado (Salmos 51:17). Comenzar por esto es una forma de reconocer que solo Él puede hacer la obra de reconciliación. Es una oportunidad para depender del Dios que nos creó a todos a su imagen.

El siguiente paso es escuchar bien. Escucha a los demás y trata de comprender su perspectiva. Eso podría significar leer libros, escuchar podcasts, ver documentales, hablar con amigos o conocer nuevos vecinos. Es fácil formarse una opinión rápida sobre grupos o individuos particulares como un desconocido que observa desde afuera, pero los cristianos debemos ser lentos para hablar y juzgar (Santiago 1:19; Mateo 7:1-2). Leer relatos de primera mano de diferentes culturas o experiencias y hablar con personas de carne y hueso son cosas que nos ayudarán a comprender verdaderamente a los demás.

Al escuchar y comprender de dónde vienen los demás, eliminamos de entrada las barreras que nos impiden invitarlos a nuestro hogar. No recibimos a desconocidos que parecen diferentes y tal vez incluso dan miedo, pero si podemos verlos como portadores de la imagen de Dios, que en muchos aspectos son como nosotras, será mucho más fácil recibirlos.

No debemos ser ingenuas: habrá algunas personas a quienes no sería prudente invitar directamente a nuestro hogar, ya sea porque tienen necesidades difíciles que no podemos satisfacer o incluso porque tienen malas intenciones. Es mejor consultar a los líderes de tu iglesia sobre cómo tener una actitud acogedora hacia tales personas sin poner en riesgo tu vida ni la de tu familia. Por eso, orar y escuchar bien son buenos primeros pasos para la hospitalidad.

Quería dar algunos ejemplos de este tipo de hospitalidad que proviene de personas que viven en lugares y situaciones diferentes a la mía. Así que aquí hay otras dos colaboradoras de este libro, que expresan sus propias ideas sobre cómo podemos prepararnos y preparar nuestro hogar para que sea más fácil recibir a los desconocidos.

Primero, la crítica de cine Alissa Wilkinson:

> Hoy día tenemos acceso a películas de todo el mundo. Netflix tiene un gran número de películas realmente maravillosas, que pueden mostrarte diferentes culturas y las diferentes formas de pensamiento de personas de todo el mundo.
>
> A veces la gente me dice: "No quiero ver eso porque está subtitulado". ¡Pero leer no es algo que no sepas hacer! En todo caso, ver películas subtituladas es más fácil porque no tienes que preocuparte por escuchar cada pequeña palabra que dicen.
>
> Vale la pena acostumbrarse a los subtítulos porque algunas de las mejores y más interesantes obras cinematográficas se están realizando en lugares de todo el mundo. Estas películas no solo son un arte de alta calidad, sino que también son valiosas como educación cultural. Puedes aprender mucho sobre otras religiones; por ejemplo, ver películas de Irán e Irak te enseñará mucho sobre el islam. Y ahí están, ahí mismo en tu sala de estar.
>
> Ni siquiera tienes que intentar tener una conversación con estos cineastas; simplemente puedes sentarte allí y experimentar

> su mundo tal como lo representan. Esta es una forma de poco riesgo para comenzar a comprender mejor el mundo.

En segundo lugar, Trillia Newbell, autora, editora de este libro y mi querida amiga:

> Un verano hice que mis hijos eligieran una lista de países sobre los que querían aprender. Cada semana teníamos un país diferente. Leíamos sobre su historia; escuchábamos su música, veíamos videos musicales y bailábamos con ellos; y hacía un plato de ese país para que todos lo probáramos. No era una "actividad cristiana", solo les estaba enseñando sobre otra cultura. Era muy divertido.
>
> Eso invitó a mis vecinos a participar. Una amiga mía, que está casada con un rumano, escuchó lo que estaba haciendo y preparó un plato para los niños. Pudieron escuchar el idioma rumano y aprender de esa cultura específica, y mi amiga pudo participar con nuestra familia y ver cómo funciona nuestra vida hogareña.
>
> Cualquiera puede hacer esto, tenga hijos o no; salir y cocinar con una amiga es muy valioso. Es vivir la vida juntos, conocer a tus vecinos y participar en la vida de los demás. Es una forma de acercarnos a otros e invitarlos a nuestra casa. A veces pensamos que tenemos que hacer algo glamoroso o espectacular, o que tenemos que presentar a las personas un bosquejo completo del Evangelio en cada conversación para que cuente como un servicio al Señor. Sin embargo, si estás tratando sinceramente de conocer a tus vecinos y contribuir a tu comunidad y ser fiel a tu iglesia, eso cuenta.

Mira a tu alrededor

He hablado de la oración y de cómo podemos desarrollar una actitud que sepa escuchar y dar la bienvenida a otras perspectivas. Estas cosas nos llevan por naturaleza a recibir a personas desconocidas en nuestro propio hogar.

Dios nos ha dado a cada una de nosotras un entorno donde vivir; nos ha colocado aquí no para nosotras mismas, sino para los demás. Servirlo siempre incluye alcanzar a otros. Ni siquiera necesitas ir a ningún lado. Solo necesitas ojos para ver el lugar donde Dios te ha plantado.

Por lo general, no es necesario buscar mucho para encontrar personas que provengan de un entorno diferente al tuyo. Quizás vives en una comunidad con una alta población inmigrante. Quizás vas a la iglesia o trabajas junto a alguien de una etnia diferente, o tus hijos tienen amigos que provienen de un origen socioeconómico diferente.

Como hemos visto, recibir a otros que son diferentes a nosotras puede comenzar con cosas tan sencillas como probar nuevos alimentos. Solo necesitamos comenzar a ver nuestra propia casa y nuestros lugares familiares por lo que son: oportunidades. Quizás eres como yo, y la idea de probar un nuevo ingrediente te asusta. Ese es un buen lugar para comenzar. Puede que te sorprenda la nueva comida. Entonces, tal vez esa nueva osadía te impulse a invitar a cenar a un compañero de clases de tu hijo.

Al recibir a otros que pueden parecer muy diferentes, descubrimos que nuestra humanidad compartida incluye cargas y alegrías compartidas.

Mi esposo y yo hemos descubierto que una de las formas más fáciles de recibir a "desconocidos" en nuestra propia casa es a través de la escuela de nuestros hijos. Cuando nuestros gemelos comenzaron la escuela, queríamos relacionarnos con otras personas del sistema de escuelas públicas. Nuestra escuela cuenta con una participación activa de los padres, por lo que conocimos a otros padres que también querían conocerse a través de una fiesta al aire libre en nuestra casa. Decidimos organizar una fiesta de fin de año en nuestro hogar para todas las familias de la clase de nuestros hijos. Seré sincera: al principio me asustaba la idea de que nadie viniera, o al menos que pensaran que era extraño que quisiéramos invitar a otras veinte familias a nuestra casa para una fiesta. Sin embargo, para mi sorpresa, les entusiasmó la idea, a pesar de que llovió la mayor parte del tiempo y tuvimos que hacer la fiesta en nuestro garaje.

Siempre supimos que nuestra escuela estaba llena de familias de una variedad de orígenes (étnicos, socioeconómicos, etc.), pero cuando los tuvimos a todos apiñados alrededor de nuestras mesas plegables en el garaje nos dimos cuenta de que, al recibir a una clase de jardín de infantes a nuestra casa, también estábamos recibiendo a las naciones. Fue una fiesta sencilla, pero incluso en su sencillez vimos el potencial de relaciones llenas de esperanza al contarles nuestra historia familiar. Nos dimos cuenta de que no todos somos tan diferentes como parecemos.

Esto suele hacer la hospitalidad. Al recibir a otros que pueden parecer muy diferentes, descubrimos que nuestra humanidad compartida incluye cargas y alegrías compartidas. Mi esposo y yo esperamos continuar la tradición de la fiesta de fin de año en los próximos años.

Hay muchas formas de salir de nuestra zona de confort, escuchar al mundo en general y recibir a personas de toda nación, tribu y lengua, dentro de nuestros propios hogares y comunidades. No tenemos que hacer grandes esfuerzos ni hacer cosas llamativas y ostentosas. Opciones comunes y corrientes bastarán: pequeñas cosas que cada una de nosotras puede hacer para servir a Cristo y amar al mundo mediante nuestra hospitalidad en el entorno donde Él nos ha colocado.

• • •

PREGUNTAS DE REFLEXIÓN

1. ¿Qué imagen evoca en ti la hospitalidad? ¿Has cambiado de opinión después de leer este capítulo? ¿Cómo?

____

____

____

2. ¿Cual es la intención del autor en Hebreos 13:1-3 en su llamado a los hebreos?

____

____

____

3. Según el autor de Hebreos, ¿por qué debemos recordar la necesidad de practicar la hospitalidad?

____

____

____

4. Según lo que hemos visto en este capítulo, ¿cómo puedes empezar a practicar la hospitalidad?

____

____

____

5. Mira a tu alrededor. ¿Qué harás para alcanzar a otros y practicar la hospitalidad con los desconocidos?

7. Amar al extranjero, amar al inmigrante

Jenny Yang

Me detuve en la entrada de la casa de Nader, Ramya y sus cuatro hijos: una familia de refugiados sirios que se había reasentado en Baltimore, Maryland. Cuando abrí la puerta del auto, el padre, Nader, alzó a mi hijo de un año. David comenzó a llorar de inmediato, pero Nader ni se inmutó. Lo abrazó cálidamente, lo hizo saltar hacia arriba y abajo, y entró para buscar una bicicleta de juguete para que jugara.

La familia Kassab (no es su nombre real) proviene de un área de Siria llamada Daara, conocida como "la cuna de la revolución siria", el lugar donde las protestas provocaron el comienzo del levantamiento de 2011. Después que bombardearan un tanque de agua detrás de su casa y parte de esta resultara dañada, Nader y su familia huyeron de Daara a Jordania. Aunque Siria solía ser el segundo país que recibía a refugiados, ahora es el país que los produce en mayor número. Tres cuartas partes de estos refugiados sirios son mujeres y niños.

Hoy somos testigos del mayor número de personas desplazadas de sus hogares por la fuerza desde la Segunda Guerra Mundial. Los conflictos que causan grandes éxodos de refugiados duran más de lo esperado, ya que las soluciones parecen cada vez menos alcanzables. Muchos refugiados quisieran volver a casa algún día, pero la realidad es que a menudo permanecen como refugiados en los países vecinos durante años, incluso décadas, sin fin.

Sin embargo, un pequeño y selecto número de refugiados puede reasentarse en un tercer país, como los Estados Unidos de América. Hubo un tiempo en que Estados Unidos solía recibir la mayor cantidad de refugiados de cualquier país, aunque representaba menos del 0,5% de los refugiados del mundo. Desde el inicio de su programa de reasentamiento de refugiados en 1980, Estados Unidos ha recibido a más de tres millones de refugiados. Muchos de ellos han sido recibidos por iglesias en sus comunidades y hogares.

Sin embargo, recibir a este pequeño número de refugiados, como la familia Kassab, no ha estado libre de controversia en los Estados Unidos. Cuestiones sobre seguridad e identidad nacional han dominado el debate de la nación. Después de los atentados terroristas con bombas en París en noviembre de 2015, por ejemplo, treinta y un gobernadores estatales de los Estados Unidos dijeron que no querían que los refugiados sirios se reasentaran en su estado, a pesar de que estos no habían participado en los ataques.

> Los refugiados son las víctimas, no los perpetradores del terrorismo, y nuestras políticas deben reflejar una preocupación compasiva por su protección y bienestar.

Los refugiados forman parte de la categoría más amplia de inmigrantes. Un inmigrante es cualquier persona que ha dejado su hogar para trasladarse a otro país, ya sea de forma voluntaria o no. Las razones pueden incluir pobreza o catástrofe humanitaria. Si bien las conversaciones sobre migración se han centrado en la economía y la seguridad nacional, a menudo ha habido una preocupación particular por los refugiados porque huyen de áreas de conflicto. Sin embargo, un refugiado es alguien que ha abandonado su país debido a un temor fundado de persecución por motivos de raza, religión, nacionalidad, opinión política o pertenencia a un grupo social en particular. Los refugiados son las víctimas, no los perpetradores del terrorismo, y nuestras políticas deben reflejar una preocupación compasiva por su protección y bienestar. Sin duda, debemos hacer las preguntas correctas para asegurarnos de que nuestro país no admita a nadie que tenga la intención de hacernos daño, pero la seguridad no tiene por qué ser a expensas de la compasión. Para los seguidores de Cristo, hay preguntas más profundas sobre si debemos recibir a estos refugiados y cómo hacerlo. Y debemos comenzar por conocer lo que enseñan las Escrituras sobre Dios y la migración de las personas.

Inmigrantes en la Biblia

Muchos de los héroes y heroínas de la historia bíblica fueron ellos mismos inmigrantes. Dios llamó a Abraham a dejar su tierra natal para ir a otra tierra que Dios le mostraría. Dejar todo lo que le resultaba cómodo y conocido era un testimonio de su fe en Dios y su fidelidad hacia Él. Rut era una mujer moabita que siguió a su suegra viuda a Israel y se convirtió en trabajadora migrante antes que Booz se fijara en ella. En la historia del éxodo, todos los del pueblo de Dios que eran "extranjeros… en la tierra de Egipto" (Levítico 19:34) migraron y viajaron por el desierto durante cuarenta años antes de llegar a su nuevo hogar. A partir de las primeras historias bíblicas, la migración no solo ha sido una dura realidad, sino también una forma de que las personas se acerquen más a Dios.

En el Antiguo Testamento, Dios llamaba a su pueblo repetidas veces a amar y buscar justicia para los inmigrantes.

Las Escrituras reconocen a los inmigrantes como particularmente vulnerables, junto con los huérfanos y las viudas; se trataba de personas sin apoyo social o familiar. En el Antiguo Testamento, Dios llamaba a su pueblo repetidas veces a amar y buscar justicia para los inmigrantes. Dios "hace justicia al huérfano y a la viuda… ama también al extranjero dándole pan y vestido" (Deuteronomio 10:18;

ver también Deuteronomio 10:17, 19; Salmos 146:9; Zacarías 7:10; y Malaquías 3:5, entre otros). *Ger,* la palabra hebrea más cercana a la palabra castellana "inmigrante", aparece noventa y dos veces solo en el Antiguo Testamento, ya que reiteradamente Dios establece provisión para tales individuos.

Sin embargo, esta idea de amar al extranjero no se limita al Antiguo Testamento. Después de todo, el refugiado más notable en las Escrituras fue Jesús: un refugiado del Medio Oriente cuya familia huyó a Egipto para evitar la masacre que Herodes había ordenado.

La verdadera hospitalidad

Jesús declara en Mateo 25:40 que, cuando servimos a los demás, le estamos sirviendo a Él: "Y respondiendo el Rey, les dirá: De cierto os digo que en cuanto lo hicisteis a uno de estos mis hermanos más pequeños, a mí lo hicisteis". Uno de sus ejemplos es este:

> Fui forastero, y me recogisteis (v. 35).

Jesús sabía íntimamente desde su niñez lo que era ser un extranjero no bienvenido, y nos insta a mostrar hospitalidad a otros que experimentan lo mismo.

Jesús está hablando aquí de recibir a otros creyentes; pero, como cristianos, también estamos llamados a amar incluso a nuestros enemigos (Mateo 5:44), como hizo el Buen Samaritano en Lucas 10. Esta es una hospitalidad radical, sacrificial y costosa. Es más profunda que la hospitalidad estadounidense habitual que se centra en nuestra familia y nuestras amistades. La palabra para la hospitalidad bíblica es *filoxenía,* que literalmente significa "amor al extranjero"; es lo opuesto a la xenofobia. La verdadera hospitalidad significa recibir al extranjero, a los desconocidos, en nuestra comunidad. Las Escrituras nos exhortan a mostrar este tipo de hospitalidad (Lucas 14:8-11). Cuando recibimos a los extranjeros, tal vez estemos recibiendo a ángeles sin saberlo (Hebreos 13:2).

No solo esto, sino que, al conocer a nuevos vecinos de lugares del mundo que quizás nunca visitemos, tenemos la oportunidad de alcanzar a las naciones para Cristo sin tener que salir de nuestro propio vecindario. Muchos refugiados provienen de áreas donde nunca antes habían escuchado el evangelio. Anunciarles las buenas nuevas es una forma de cumplir el mandato de Jesús de "[hacer] discípulos a todas las naciones" (Mateo 28:19).

• • •

Jesús sabía íntimamente desde su niñez lo que era ser un extranjero no bienvenido, y nos insta a mostrar hospitalidad a otros que experimentan lo mismo.

World Relief, la organización benéfica en la que trabajo, se asoció recientemente con una iglesia en Nashville, TN, que mostró la película *Jesús* a un grupo de refugiados butaneses tradicionalmente budistas reasentados en la ciudad. Esta película relata la vida y la historia de Jesucristo de una manera simple y poderosa, que se puede presentar a muchas culturas. Muchos de ellos llegaron a conocer a Cristo y decenas se bautizaron en un servicio de la iglesia local. También hemos visto a refugiados iraquíes y sirios aceptar al Señor como su Salvador personal después de tener sueños vívidos acerca de Jesús.

Otros llegan como creyentes que ya tienen una nueva vida. No son solo destinatarios, sino agentes de esta misión, capacitados para alcanzar a otros con el mensaje del evangelio. Muchos cristianos de Europa y Oriente Medio dan fe de cómo los refugiados están transformando la vida de su iglesia de manera positiva. Un grupo de iglesias en Italia, por ejemplo, creó *Mediterranean Hope*, una organización que ayuda a los refugiados con la tramitación de sus visas y ha establecido centros culturales para ayudar con la integración de los refugiados.[1] Una iglesia alemana ha servido

---

1. Linda Bloom, "Small Churches Play Big Role for Refugees in Italy", www.umnews.org/en/news/small-churches-play-big-role-for-refugees-in-italy (consultado el 18 de octubre de 2019).

como refugio para los yazidis iraquíes que vivían con temor a ser deportados de regreso al peligro.[2] Una iglesia en Bruselas también ha ayudado a facilitar la integración de solicitantes de asilo provenientes de América Latina; ahora sus servicios tienen solicitantes de asilo que adoran a Dios junto con políticos y residentes.[3] Líderes de la iglesia de toda Europa también se reunieron para emitir una declaración en diciembre de 2018 donde dijeron: "Nos comprometemos a articular y trabajar con más fervor por nuestra visión de una sociedad inclusiva y participativa para con los recién llegados y para todos los habitantes".[4] La verdad es que la migración no solo está cambiando la cara de nuestro propio país, sino que, al reunir a cristianos de todo el mundo en las mismas congregaciones, está cambiando la cara de la iglesia.

Esto no debería sorprendernos. Hechos 17:26-27 dice:

> Y [Dios] de una sangre ha hecho todo el linaje de los hombres, para que habiten sobre toda la faz de la tierra; y les ha prefijado el orden de los tiempos, y los límites de su habitación; para que busquen a Dios, si en alguna manera, palpando, puedan hallarle.

Las Escrituras nos exhortan a ver la migración no como una mera interacción humana incidental, sino como un plan divinamente orquestado para guiar a personas de todas las naciones a buscar a Dios.

---

2. Katy Fallon, "Yazidis Seek Church Asylum as Europe's Empathy for Refugees Wanes", www.aljazeera.com/indepth/features/yazidis-seek-church-asylum-europe-empathy-refugees-wanes-180828221815711.html (consultado el 18 de octubre de 2019).

3. Melissa Vida, "How a Brussels Church Became a Home for Latin American Refugees", www.americamagazine.org/politics-society/2019/06/04/how-brussels-church-became-home-latin-american-refugees (consultado el 18 de octubre de 2019).

4. Churches' Commission for Migrants and Conference of European Churches, "Christmas Statement", www.oikoumene.org/en/resources/documents/other-ecumenical-bodies/christmas-statement (consultado el 4 de diciembre de 2018).

Amar al extranjero

En definitiva, cuando recibo a los refugiados, no lo hago por lástima, culpa o caridad, sino porque es simplemente lo que Cristo hizo por mí. Me recibió como una forastera en el redil de la gracia y declaró que soy suya. Soy deudora de la misma hospitalidad a los demás, sin importar de dónde sean o cómo practiquen su fe.

Debería tratar de ser alguien a quien Jesús pueda decir: "fui forastero, y me recogisteis". Puedo invitar inmigrantes a mi hogar y mi comunidad. Por ejemplo, me ofrecí como voluntaria en una agencia local de reasentamiento de refugiados donde me asignaron una familia de refugiados de Irán para ayudarle en su transición a los Estados Unidos. Los visitaba semanalmente, solo para hablar con ellos y ayudarlos con cualquier documentación escolar que tuvieran que completar. A menudo sentía que recibía más de lo que daba, ya que la familia me cocinaba platos deliciosos y se convirtieron en buenos amigos. También puedo invitar a refugiados a mi comunidad de fe. A menudo invito a mis amigos refugiados a asistir a la iglesia conmigo o a otras iglesias de nuestra comunidad.

Y puedo intentar hacer de mi país un lugar mejor para ellos. Preocuparnos por nuestros vecinos, que incluyen a los refugiados, implica preocuparnos por los sistemas y las estructuras donde viven. Deberíamos usar nuestras voces para hablar a favor de los refugiados ante nuestros funcionarios electos. Cuando asistas a los ayuntamientos o examines las posiciones políticas de tus funcionarios electos, pregúntales cuál es su posición sobre el recibimiento de refugiados en tu comunidad y pídeles que hagan declaraciones públicas en apoyo a los refugiados. *World Relief* y la *Evangelical Immigration Table* a menudo ofrecen oportunidades para que las personas firmen cartas y peticiones de apoyo a los refugiados, y llevan a cabo campañas específicas durante todo el año para participar en el apoyo a los refugiados.

Sin embargo, ya sea que logremos o no influir en la política, toda persona cristiana puede amar al extranjero. Nos inundan a diario datos y estadísticas sobre la crisis de los refugiados, pero debemos reconocer que este problema no se trata solo de los *millones* de personas desplazadas, sino también de la persona con la que tú o yo podemos encontrarnos. Nader es *una* de esas personas. Su esposa, Ramya, es otra.

El "desconocido" puede convertirse en un amigo, al igual que la familia Kassab lo es para mí y mi familia. A través de mi relación con los refugiados, me he dado cuenta de que, de hecho, existe una diferencia entre preocuparse por algo y preocuparse por alguien. Mi trabajo implica preocuparme por la pobreza global, pero también debo preocuparme por las personas que me rodean. Cuando me he hecho amiga de los refugiados en Baltimore donde vivo, he experimentado una generosa hospitalidad, una amistad genuina y muchas risas. Entre las historias de los refugiados he oído hablar de una capacidad de recuperación y gratitud extraordinarias, nacidas del sufrimiento y la pérdida. En estas interacciones, recibo más de lo que puedo dar.

> Las Escrituras nos exhortan a ver la migración no como una mera interacción humana incidental, sino como un plan divinamente orquestado para guiar a personas de todas las naciones a buscar a Dios.

Jesús nos enseñó a amar de manera radical, incondicional y sacrificial. Las personas de diferentes religiones, culturas o etnias no son nuestros enemigos, sino personas con las que debemos hacer amistad y comunidad como expresiones tangibles de nuestra fe. El verdadero enemigo es el temor. "No temas" es un mandato que se repite con frecuencia en la Biblia. Debemos tener cuidado y asegurarnos de que el miedo a los demás y el deseo de una vida cómoda sin interrupciones no nos impidan participar en la misión de Dios.

Las historias de refugiados pueden ayudarnos a comprender cómo Dios usa la migración como parte de su plan soberano para atraer a las personas a Él. La iglesia debería estar en el centro de esta historia que Dios está tejiendo a través de la migración de personas. Cuando decidamos, a pesar del miedo y la incomodidad, amar y recibir a alguien que el mundo odia, las personas comprenderán en concreto la obra reconciliadora que Jesús hizo en la cruz por *toda* la humanidad.

• • •

PREGUNTAS DE REFLEXIÓN

1. Después de leer este capítulo, ¿qué has aprendido sobre los refugiados?

   ____

   ____

   ____

2. Menciona algunos inmigrantes de la Biblia. ¿Cuál fue el refugiado más notable en las Escrituras?

   ____

   ____

   ____

3. ¿Cuál es la verdadera hospitalidad según la Biblia? ¿Qué significa la palabra "*filoxenía*"? (Ver Lucas 14:8-11 y Hebreos 13:2).

   ____

   ____

   ____

4. ¿Cómo nos exhortan las Escrituras a ver la migración?

___

___

___

5. ¿Qué temores nos impiden cumplir el mandato de Dios de amar al extranjero?

___

___

___

8. Conversaciones sobre raza

Natasha Sistrunk Robinson y Lilly Park

La diversidad y la iglesia (Lilly)

Hace unos años, en una iglesia que visité, el pastor usó una ilustración con una nota de humor insensible desde el punto de vista racial. No fue explícitamente ofensiva, pero fue inapropiada. El pastor no era consciente de cómo se recibirían sus palabras.

Por eso, en parte, la iglesia se beneficiaría de conversaciones sabias sobre raza. Igual que ese pastor, los cristianos —en particular los que provienen de la cultura predominante— no siempre son conscientes de los efectos de sus propias palabras y acciones. Lamentablemente, a veces, no nos importa lo suficiente como para averiguarlo.

Aunque *sí* sepamos lo que *no* debemos decir, ¿es eso suficiente? No, no lo es. En vez de evitar el tema de la raza, debemos hablar y escucharnos unos a otros con atención y, lo más importante, escuchar la Palabra de Dios. ¿Por qué? Porque no sería exagerado afirmar que nuestra manera de abordar el tema de la raza afecta la unidad de la iglesia y nuestro testimonio de Cristo.

La diversidad es idea de Dios, no nuestra. Jesús nos manda a hacer discípulos a todas las naciones (Mateo 28:19). Los cristianos no solo deben participar, sino también liderar las conversaciones sobre raza, porque sabemos que Dios creó a cada persona a su imagen (Génesis 1:26-28) y que su reino es multiétnico (Apocalipsis 7:9).

En la Biblia, vemos a personas de diversos orígenes étnicos, socioeconómicos y geográficos trabajar juntas para promover el reino de Dios. Esto no solo sucede en el Antiguo Testamento —piensa en Rahab o Rut, no israelitas que se convierten en parte del pueblo de Dios—, sino aún más en el Nuevo Testamento. Jesús describe a un samaritano aborrecido que es mejor prójimo y más amable que los respetados en la sociedad judía (Lucas 10:30-37); sana a la hija moribunda de un líder de la sinagoga y a una mujer enferma, pobre y ceremonialmente impura en el mismo día (Marcos 5:21-43); y admira la fe de un centurión romano (Mateo 8:5-13). El ministerio de la iglesia primitiva también incluía a personas de muchos grupos étnicos y trasfondos socioculturales (por ejemplo, Hechos 8:26-39; 10:1-48; 13:44-48).

Los cristianos no solo deben participar, sino también liderar las conversaciones sobre raza, porque sabemos que Dios creó a cada persona a su imagen.

Sin embargo, para los cristianos de hoy no se trata solo de intentar seguir el ejemplo de Jesús y la iglesia primitiva. Nuestra gran esperanza es que seamos uno en Cristo.

> Pues todos sois hijos de Dios por la fe en Cristo Jesús; porque todos los que habéis sido bautizados en Cristo, de Cristo estáis revestidos. Ya no hay judío ni griego; no hay esclavo ni libre; no hay varón ni mujer; porque todos vosotros sois uno en Cristo Jesús (Gálatas 3:26-28).

Cristo derriba los muros de animosidad y hace posible que vivamos en paz con aquellos que son culturalmente distintos, así como reunió a judíos y gentiles previamente separados en una sola iglesia (Efesios 2:11-22). Ya sea que nos estemos reuniendo con otros cristianos en nuestros hogares e iglesias, o estemos alcanzando a nuestras comunidades y nuestra nación, debemos dar testimonio del poder del Espíritu Santo que obra en nosotros y del deseo del Padre de unirnos a Él y unos con otros.

No se trata solo de nuestras propias relaciones y experiencias personales, por más importantes que estas sean. Se trata de vivir como personas santificadas en este mundo, elegidas por Dios sin importar el color de la piel, el género o la condición social. Necesitamos hablar sobre temas raciales no por pragmatismo ("Atraerá a más gente") o solo por ética o moral ("Es lo correcto"), sino porque la unidad en la diversidad refleja la visión de Dios para su iglesia.

La base de nuestra unidad en Cristo es nuestra unión con Cristo. Pablo afirma que "el mismo… es Señor de todos" (Romanos 10:12). No hay un Cristo distinto para la iglesia de cultura mayoritaria, la iglesia negra, la iglesia asiática, la iglesia hispana, etc. Sin embargo, esa parece ser a menudo nuestra mentalidad sobre el cristianismo y la raza. *Haz lo tuyo por Dios y nosotros haremos lo nuestro.*

Sin embargo, no es así como pasaremos la eternidad. Un día estaremos ante el trono, adorando a Jesús como parte de una gran multitud "de todas naciones y tribus y pueblos y lenguas" (Apocalipsis 7:9). Y podemos empezar ahora.

Por supuesto, la diversidad no es el propósito del evangelio ni la medida del éxito de una iglesia. Una iglesia multiétnica no es necesariamente más bíblica que una iglesia que es mayoritariamente blanca, negra, hispana, asiática o inmigrante. Sin embargo, una iglesia que es conocida tanto por la enseñanza bíblica como por la unidad racial ofrece una hermosa vislumbre de la adoración en el cielo.

El racismo y la sociedad (Natasha)

Tenemos que admitir que esta visión de unidad en la diversidad puede estar muy alejada de la sociedad en la que vivimos.

A menudo comparo el racismo con la contaminación. La producen los seres humanos, nos impacta negativamente a cada una de nosotras y, debido a que ha existido durante tanto tiempo, nos hemos sentido cómodos con su existencia: tan cómodos que algunos negarían incluso que esté presente.

En su libro clásico, *Divided by Faith: Evangelical Religion and the Problem of Race in America* (Divididos por la fe: La religión evangélica y el problema de la raza en Estados Unidos), los sociólogos cristianos Michael O. Emerson y Christian Smith describen la nación estadounidense como una "sociedad de carácter racial". Escriben:

> Una sociedad de carácter racial es aquella donde la raza tiene gran importancia a causa de las diferencias en las experiencias de la vida, las oportunidades de la vida y las relaciones sociales. También se puede señalar que una sociedad de carácter racial es "una sociedad que asigna recompensas económicas, políticas, sociales e incluso psicológicas diferenciales a grupos de acuerdo con las líneas raciales; líneas que se dibujan socialmente" (p. 7).

Dios nos ha dado diferencias étnicas y culturales, que no tienen el propósito de dividir, sin embargo, ese es precisamente el propósito de la construcción social de la raza. La raza es una parte definitoria de nuestra sociedad, que afecta cosas básicas como el lugar donde vivimos, así como los logros educativos y las perspectivas financieras.[1] La división racial de la sociedad estadounidense tiene una historia larga y a menudo olvidada. La idea de la raza como división fue la semilla plantada en la tierra de Estados Unidos de la cual crecieron árboles que dieron el fruto del racismo. Este fruto se cultiva, se fertiliza y se replanta a lo largo de las generaciones, hasta que un día miramos hacia arriba y nos damos cuenta de que hay todo un bosque a nuestro alrededor con árboles altos que nos encierran a todos y nos impiden ver la luz.

---

1. "Status and Trends in the Education of Racial and Ethnic Groups 2018" (National Center of Education Statistics, U.S. Dept of Education), www.nces.ed.gov/pubs2019/2019038.pdf (consultado el 27 de septiembre de 2019).

En 2012, la CNN publicó un informe que afirmaba que los niños están aprendiendo procesos de pensamiento racista en sus hogares, y luego los expresan cuando tienen tan solo seis años. Empiezan a tomar conciencia de las actitudes de carácter racial desde los cinco años. El informe señalaba que "hacer amistad con niños de otras razas es difícil y solo se vuelve más difícil a medida que crecen".[2]

• • •

Una iglesia que es conocida tanto por la enseñanza bíblica como por la unidad racial ofrece una hermosa vislumbre de la adoración en el cielo.

El problema no comienza con los niños. El *Public Religion Research Institute* ha informado que la mayoría de los estadounidenses blancos tienen muy pocos amigos que no sean blancos,[3] y es muy poco probable que tengan relaciones cercanas con personas que no sean blancas: el tipo de relación donde tienen conversaciones importantes o consideran a la persona confiable.[4] Si los amigos de sus padres son todos del mismo color de piel, no debería sorprender que a los niños les resulte difícil relacionarse con personas de otras razas.

Todos tenemos un prejuicio implícito, es decir, nuestros pensamientos y acciones se basan en suposiciones en las que hemos sido formados desde la infancia y de las que ni siquiera somos conscientes. Debido a que son subconscientes, estas suposiciones son las más fáciles de adoptar sin darnos cuenta y las más difíciles de identificar o corregir una vez que se han arraigado en nuestro corazón. Cuando no se cuestionan, estos

---

2. CNN, "A Look at Race Relations Through a Child's Eyes", www.youtube.com/watch?v=GPVNJgfDwpw (consultado el 13 de marzo de 2017).

3. Christopher Ingraham, "Three Quarters of Whites Don't Have Any Non-White Friends", www.washingtonpost.com/news/wonk/wp/2014/08/25/three-quarters-of-whites-dont-have-any-non-white-friends/?utm_term=.2fb20a7c34ec (consultado el 13 de marzo de 2017).

4. Emily Swanson, "Do Most White Americans Really Only Have White Friends? Let's Take a Closer Look" (consultado el 13 de marzo de 2017).

prejuicios implícitos tienen un efecto profundo no solo en nuestras propias relaciones, sino también en las de nuestros hijos y, por lo tanto, en la sociedad en general y en nuestro futuro colectivo.

Me sorprendió la perspectiva que dio Patricia Raybon en su prólogo del libro de Amy Julia Becker, *White Picket Fences* (Vallas blancas de madera). La Sra. Raybon es una mujer afroamericana y una sabia escritora cristiana. Es producto del movimiento de derechos civiles y la era de Jim Crow. Además, es madre de niños negros. Todo esto surgió en las conversaciones que tuvo con Amy Julia, una mujer blanca, sobre la raza y los privilegios. La Sra. Raybon escribió:

> Ella y yo conversamos de cuándo hablar a los niños sobre cosas difíciles como el racismo. Argumenté que la pregunta en sí es de poco interés para niños que no tienen que preocuparse por este terror en particular, mientras que los niños de color, por defecto, están obligados a ver desde sus primeros meses de vida que son objeto frecuente de muchos tipos de racismo.
>
> Por lo tanto, yo sostenía que todos los niños deberían ver que existe el terror racial, así como se les enseña que una estufa está caliente, que un automóvil a toda velocidad puede matarlos y que, tristemente, también lo pueden hacer otros actos violentos. El racismo también mata, y todos los niños, por muy pequeños que sean, deberían saberlo (p. xviii).

Como madre, hija, hermana, esposa y amiga negra, conozco este trauma que no escapa a nosotras. Sin embargo, no todo el mundo lo sabe. Por eso, hablar de estas cosas, por dolorosas que sean, es de vital importancia para la unidad y la preservación de la vida.

Como mujeres cristianas, debemos despertarnos a cómo Dios nos llama a vivir para Él en este mundo que está tan drásticamente dividido. Todas debemos pensar en la manera de evitar que inadvertidamente recojamos esas semillas "de carácter racial" y las volvamos a plantar.

Muchas personas de color están cansadas de hablar sobre raza. Otras tienen miedo de hacerlo. Algunas personas en nuestra sociedad están confundidas y otras frustradas; algunas sienten que no saben qué decir. La tentación para todas las personas es guardar silencio.

Sin embargo, si queremos tomar una posición en contra de una sociedad de carácter racial, debemos hablar. Todas debemos ser sinceras sobre la forma en que el racismo nos toca y nos afecta. Debemos confesar y censurar el prejuicio implícito que dirige nuestras acciones y nuestras palabras. Debemos mirarnos a nosotras mismas y buscar la verdad sobre cómo nuestra falta de conocimiento, historia o comprensión, y nuestro silencio, enojo o apatía impiden que el mensaje de Jesucristo llegue a todas las personas.

Tomar consciencia (Lilly)

La necesidad de ser sinceros es urgente para todos porque el racismo es un problema espiritual: un pecado. Pecamos cuando permitimos que nuestras preferencias personales triunfen sobre las normas de Dios en referencia a cómo debemos relacionarnos con otras personas, y nos valoramos por encima de los propósitos de Dios y por encima de cualquier amor por nuestro prójimo. Esta pecaminosidad está en el corazón mismo del racismo, que ve a las personas diferentes a nosotros de menor valor que las personas similares a nosotros. El racismo muestra nuestro deseo de más de "mí".

Sin embargo, si buscamos servir al Dios que nos ha salvado, debemos confesar nuestro pecado de orgullo, arrogancia, parcialidad y más. Si confesamos nuestro pecado, Dios es fiel para perdonarnos (1 Juan 1:9). Y luego le pedimos su ayuda para comprender —y actuar en— su amor por todas las naciones.

Todas podemos hacernos preguntas. ¿Eres demasiado selectiva con a quién saludas o con quien te reúnes para comer, ya sea en el lugar de trabajo, la iglesia o la escuela? ¿Tienes miedo de lo desconocido, por lo que no saludas a las personas nuevas ni haces preguntas sinceras?

A menudo, la apatía nos priva de la riqueza de relacionarnos con personas fuera de nuestro círculo de comodidad y familiaridad. A veces es la aversión activa hacia ciertas personas lo que nos impide obedecer a Dios. O puede ser el miedo a la respuesta que recibiremos cuando nos acerquemos a otros.

Hay formas sencillas de aprender a interactuar con personas que parecen "demasiado diferentes".

Pecamos cuando permitimos que nuestras preferencias personales triunfen sobre las normas de Dios en referencia a cómo debemos relacionarnos con otras personas.

Intenta leer libros o ver películas sobre temas o historias interculturales. Ambas cosas nos enseñan las diferencias culturales y nos recuerdan lo que es común a todos nosotros como seres humanos, lo cual tira por tierra las suposiciones sobre personas que tan a menudo pueden impedirnos establecer relaciones con ellas. Estos estereotipos son imperfectos y refuerzan los prejuicios implícitos. Debemos reconocer que, aunque todos somos parte de un grupo o una comunidad en particular, cada individuo también tiene una historia de vida única.

Hay esperanza a medida que aprendemos a escuchar bien y a hacer preguntas reflexivas. Corremos el riesgo de hablar con torpeza, pero podemos aprender de nuestros errores. Podemos pedir ayuda a otros para saber dónde nos hemos equivocado en lo que decimos o hacemos.

Conozco a una pareja interracial que, al principio, experimentó la desaprobación de los padres de la mujer. Sin embargo, eran cristianos y finalmente aceptaron al hombre que se convertiría en su yerno. A medida que lo conocieron, se dieron cuenta de que era un hombre piadoso que amaba a su hija. Se arrepintieron de juzgarlo por el color de su piel y cambiaron su forma de pensar y actuar. Espero que todos podamos ver este tipo de arrepentimiento y reconciliación en nuestra iglesia y en la sociedad en general.

Anteriormente di un ejemplo de un pastor que se había equivocado, pero los líderes de la iglesia también pueden desempeñar un papel significativamente positivo. Como miembros de la iglesia, podemos alentar a nuestros líderes a tener en cuenta la raza en la iglesia cuando respondan preguntas, relaten historias e interactúen con personas de diversos orígenes. Nuestros líderes, con su ejemplo, pueden transmitir a los oídos que escuchan y a los ojos que miran la importancia de hablar sobre la raza. Quizás entonces toda la iglesia pueda desarrollar una perspectiva bíblica sobre lo que significa que todos somos seres humanos creados a la imagen de Dios.

El cambio lleva tiempo. Cuando he visto bastante progreso en una iglesia u organización, es porque tuvieron lugar varias conversaciones antes de tomar decisiones importantes. Los líderes querían conocer las luchas, las frustraciones y los deseos de los miembros de la iglesia o del personal. No solo hablaron con sus círculos internos, sino que hicieron participar a personas distintas a ellos y las escucharon. He conocido a hombres y mujeres que han tenido paciencia durante años al hablar sobre la raza en el contexto de su ministerio. Esto resulta frustrante, pero puede conducir a un progreso real. Sucede con una conversación tras otra.

No eliminaremos sin ayuda externa todas las barreras sociales del mundo, pero cada una de nosotras podemos esperar contribuir con algo a esta conversación. Para un verdadero cambio, el evangelio debe ser nuestra motivación y nuestro propósito. Así que debemos orar para que Dios nos guíe y nos use para lograr un cambio para su gloria. Debemos pedirle que nos ayude a mantener el mensaje de salvación en un lugar central y llevarlo a todas las personas.

Convertirse en defensoras (Natasha)

Hay un viejo dicho que nos anima a tener "una Biblia en una mano y un periódico en la otra". Con demasiada frecuencia tenemos un periódico en una mano y una información de Twitter en la otra.

Los medios de comunicación pueden perfilar nuestra respuesta al racismo y las soluciones que apoyamos. Sin embargo, como cristianos, debemos responder a las historias de los medios de comunicación sobre el racismo de una manera bíblica.

¿Cómo permitimos que la Biblia conforme nuestro pensamiento sobre este tema? Es importante que prestemos atención a las voces que están presentes en cada pasaje de la Biblia, y nos preguntemos quién habla y desde qué perspectiva. Esto nos ayudará a comprender cualquier injusticia o marginación que esté ocurriendo cuando la Biblia describe a las personas pecadoras y sus actitudes. Un estudiante astuto de la Biblia a menudo pregunta: "¿Qué dice la Palabra?", pero el hecho de que Jesús vino a la tierra también nos permite considerar: "¿Qué hace la Palabra?". ¿Cómo responde Jesús a los vulnerables, incluidos los pobres, los huérfanos, las mujeres, los niños, los extranjeros, los que están en prisión y los incrédulos? ¿Cuál es su actitud y por qué? Espero que hacer estas preguntas en oración bajo la inspiración y la guía del Espíritu Santo nos lleve a una mayor compasión, sabiduría y comprensión.

Esto, a su vez, nos ayudará a responder a las noticias con un punto de vista bíblico bien informado y también puede ayudarnos a convertirnos en defensoras activas y sabias a nivel local, nacional y más allá. En lugar de limitarnos a responder a las tendencias, podemos mostrar constantemente una búsqueda genuina de la justicia racial y el amor por nuestro prójimo. Para hacer esto, podemos buscar, seguir, aprender y apoyar activamente a las iglesias y organizaciones que están haciendo un trabajo importante tanto en nuestras comunidades locales como a nivel nacional. También es importante que leamos y escuchemos a los testigos cristianos que son personas de color comprometidas con la Biblia, las buenas nuevas del mensaje del evangelio y la obra de justicia.

De esta forma, todas podemos defender ideales en contra del racismo. Podemos moldear nuestro mundo con oración para que llegue a ser como el que finalmente esperamos: un mundo donde personas de toda nación, tribu, pueblo y lengua adoren juntas ante el trono de Dios, unidas por la eternidad.

• • •

PREGUNTAS DE REFLEXIÓN

1. En este capítulo hemos visto que la diversidad es idea de Dios. Explica cómo el mandato de Jesús de hacer discípulos a todas las naciones (Mateo 28:19) afecta las conversaciones sobre raza.

____

____

____

____

2. ¿Cuál es nuestra gran esperanza como creyentes? (Lee Gálatas 3:26-28).

____

____

____

____

3. A la luz de lo que hemos visto en este capítulo, ¿por qué necesitamos hablar sobre temas raciales?

____

____

____

____

4. "Todos tenemos un prejuicio implícito, es decir, nuestros pensamientos y acciones se basan en suposiciones en las que hemos sido formados desde la infancia y de las que ni siquiera somos conscientes". ¿Cuáles son tus prejuicios implícitos? ¿Qué puedes hacer para contrarrestar tales prejuicios?

____

____

____

____

5. ¿Qué puedes hacer para defender ideales en contra del racismo?

____

____

____

____

PARTE TRES

Hablar bien

Hablar bien: Introducción a la Parte 3

Lindsay Nicolet

Dios creó a los seres humanos a su imagen. Esto significa que podemos contribuir a nuestra cultura para su gloria cuando lo reflejamos y representamos de cualquier manera posible. Una forma de hacerlo es a través de lo que decimos y cómo hablamos, porque Él es un Dios de palabras. Con sus palabras creó todo lo que existe y continúa sosteniendo la creación. Y por la palabra del evangelio llama a los muertos a la vida eterna.

Como vemos a lo largo de la Biblia, el Señor ha confiado a las mujeres que hablen y digan cosas influyentes y valiosas con encanto y sabiduría, cosas que Él usó para cambiar su cultura.

En el Antiguo Testamento, las sabias palabras de Abigail impidieron que David cometiera pecado (1 Samuel 25). Y las valientes palabras de Ester ayudaron a preservar al pueblo judío (Ester 7–8).

En el Nuevo Testamento, la adolescente María proclamó en obediencia: "He aquí la sierva del Señor; hágase conmigo conforme a tu palabra" (Lucas 1:38). María Magdalena, después de encontrar a Jesús vivo en su tumba, anunció la increíble noticia a los asustados discípulos (Juan 20:17-18). Y Loida y Eunice, la abuela y mamá de Timoteo, usaron sus palabras para transmitir su fe sincera (2 Timoteo 1:5).

Por otro lado, hay mujeres en la Biblia que también causaron gran destrucción con sus palabras. Eva animó a Adán a pecar (Génesis 3).

Sarai instó a Abram a dormir con Agar (Génesis 16). Rebeca planeó el engaño de Jacob a Isaac (Génesis 27). E imagino que había mujeres entre la multitud, delante de Jesús, que gritaron: "¡Sea crucificado!" (Mateo 27:22).

¿Puedes identificarte, como yo, con estas mujeres? Mis palabras a veces han revelado que mi corazón es santo, y otras veces que es perverso. He usado mis palabras para persuadir a otros para el bien y para el mal, para edificar y para derribar, para mostrar a Cristo y para mostrarme yo misma. Las he usado para proclamar el evangelio y para desvirtuarlo. Necesito que el Señor me ayude a ser una mujer que hable bien el evangelio y traiga vida, esperanza y cambio a las personas de la cultura que me rodea. ¿Y tú?

El Señor nos está llamando, como mujeres cristianas, a administrar bien nuestras palabras, tal como lo hizo con nuestras madres en la fe. Sin embargo, la nuestra es una época donde esto se extiende a las palabras que escribimos y también las que enviamos por texto. Nuestras palabras deben ser sal y luz, agentes de buenas noticias y cambios en nuestras iglesias, comunidades, familias y las redes sociales. Las mujeres tienen más influencia de la que pensamos, aunque no todas encajamos en el mismo molde. El Señor nos ha dado a algunas de nosotras un público de legisladores que pueden influir en grandes problemas como el aborto o el matrimonio; otras tienen la responsabilidad de discipular a los niños por sus interrupciones y rabietas triviales; otras pueden tratar de interactuar regularmente con vecinas viudas, peluqueros locales o cajeros en el supermercado. Nuestra comunicación en todas estas áreas tiene una influencia duradera, ya sea para guiar a las personas hacia nuestro Salvador o para alejarlas de su llamado.

Hay dos formas de perfilar nuestras relaciones y nuestros entornos. Primero, podemos herir o sanar con la sustancia de nuestro discurso. Debemos hablar palabras verdaderas, amables y sabias. Estamos llamadas a alentar, no a desmoralizar; a unir, no a dividir; a dar gracias, no a quejarnos; y a promover la pureza, no la inmundicia. Esto puede aplicarse prácticamente de mil maneras.

Segundo, *cómo* hablamos es tan importante como qué decimos. Nuestro tono importa. Ese hilo de tuits puede ser veraz, pero, si menosprecia la dignidad de otra persona en la forma en que lo redactamos, es mejor no publicarlo. Podemos anunciar el evangelio a nuestros combativos miembros de la familia, pero, si estamos gritando todo el tiempo, solo somos como un metal que hace ruido. Necesitamos más gracia en medio de la charla, y una forma de comunicación que demuestre un corazón de amor.

Si hay algo con lo que nuestra sociedad occidental del siglo XXI tiene problemas, es con hablar bien. Ya sea que se vea en el reportero de un canal de noticias, el hilo de conversación que se hizo viral en nuestra entrada de publicaciones, la acalorada discusión que ocurre cerca de nosotras en la cafetería o los comentarios maliciosos dejados en el último blog de mamás, vivimos en una época divisiva y polarizada. Muchos de los que nos rodean parecen no poder hablar (o tuitear) de manera calmada, racional y respetuosa con quienes tienen diferentes puntos de vista.

Esto nos da a las cristianas una oportunidad única de ser bellamente distintas mientras llevamos el mensaje de Jesús a un mundo desesperado por un discurso vivificante. Los capítulos de esta sección te brindarán formas prácticas de hacer esto. Las autoras te arengarán y te apoyarán en tu búsqueda de hablar palabras impregnadas de Jesús en ámbitos a menudo contaminados por el pecado y que necesitan santificación. Primero, veremos el mundo de las redes sociales, con todas sus trampas y oportunidades; luego el tema específico de la belleza, del que puede ser tan difícil hablar de manera bíblica; y, finalmente, tu propia historia y cómo puedes utilizarla para hablar sobre la mejor noticia de todas: el evangelio de Jesucristo.

En este momento específico de la historia, aprovechemos la oportunidad de ser mujeres sabias que sopesemos nuestras palabras y las utilicemos para adornar el evangelio. No, no podemos hacer esto por nosotras mismas, pero, con la gracia y el poder de Dios, podemos seguir los pasos de Abigail, Ester, María y Loida, que prepararon el camino para las buenas nuevas de Jesús de maneras que jamás imaginaron. Hablemos de la verdad con palabras sabias, encanto y gracia para mostrar la belleza de nuestro Dios y eliminar cualquier obstáculo que impida que los oídos escuchen la voz distintiva de nuestro Salvador.

9. Cómo surfear la ola de las redes sociales

Erin Davis

¿Qué pasaría si Jesús predicara el Sermón del Monte en tu comunidad hoy? No sería necesario adaptar el mensaje. Todavía necesitamos escuchar sobre la ira, la ansiedad y vivir como sal y luz. No haría falta ajustar o modificar su discurso. Lo que *cambiaría* sería la forma en que el oyente lo escucharía. Casi todos los que estuvieran reunidos para escuchar la predicación de Jesús estarían sosteniendo un teléfono inteligente o una tableta. Algunos grabarían el sermón completo en su dispositivo. Otros se tomarían una *selfie* con Jesús de fondo para hacer estallar las redes sociales. En lugar de escuchar las palabras de Cristo como un llamado a cambiar sus vidas, es posible que solo sintieran un impulso hacia el activismo fugaz del hashtag: #laregladeoro.

Las redes sociales han cambiado drásticamente la forma en que las personas interactúan hoy con la verdad y unas con otras. Las pantallas llegaron para quedarse, e idealizar demasiado la vida sin pantallas no nos ayudará a aferrarnos a la verdad con más fuerza. (En todo caso, ¿cómo evitó Jesús que todos esos niños se aburrieran sin YouTube Kids? ¡Un verdadero milagro!). En vez de luchar contra la ola de las redes sociales, debemos aprender a surfear la ola.

Aunque el tiempo ha hecho muy famoso a este sermón como "El Sermón del Monte", podríamos llamarlo fácilmente "El sermón del corazón". Jesús cautivó a sus oyentes originales, y aún cautiva a los creyentes, al abordar grandes problemas de nuestro corazón. Ira, generosidad, lujuria: estos problemas no desaparecen, por mucho que cambie el mundo.

Además, en este sermón Jesús dio a sus seguidores nuestra identidad como sal y luz.

> Vosotros sois la sal de la tierra; pero si la sal se desvaneciere, ¿con qué será salada? No sirve más para nada, sino para ser echada fuera y hollada por los hombres.
>
> Vosotros sois la luz del mundo; una ciudad asentada sobre un monte no se puede esconder. Ni se enciende una luz y se pone debajo de un almud, sino sobre el candelero, y alumbra a todos los que están en casa. Así alumbre vuestra luz delante de los hombres, para que vean vuestras buenas obras, y glorifiquen a vuestro Padre que está en los cielos (Mateo 5:13-16).

Las redes sociales han ampliado las fronteras de nuestra "ciudad". Ahora tenemos acceso a personas de enfrente, de todo el país y de todo el mundo con un solo clic. Así que, ¿cómo podemos administrar esta oportunidad única? Si la iglesia ha de ser la luz de esperanza del evangelio en la era digital, ¿qué precauciones debemos tener? Cuando considero mi propio deseo de usar las redes sociales para cumplir el llamado de Cristo de ser sal y luz, sigo los siguientes principios para hacer clic, dar me gusta y publicar.

Necesitamos estar atentas a lo que permitimos entrar a nuestro corazón, así como también ser conscientes de lo que sale de él.

Las redes sociales son una lupa. Es neutral en términos de valor. Al fin y al cabo, las redes sociales son solo programas informáticos. Sin embargo, magnifica o resalta lo que ya está en nuestros corazones, hogares e iglesias.

Por lo tanto, al considerar nuestros hábitos

en las redes sociales, debemos prestar atención a las palabras de Cristo: "El hombre bueno, del buen tesoro de su corazón saca lo bueno; y el hombre malo, del mal tesoro de su corazón saca lo malo; porque de la abundancia del corazón habla la boca [o tuits, según sea el caso]" (Lucas 6:45). Este versículo me lleva a hacer una pausa y considerar lo que sale de mí y reconocer el hecho de que lo que tuiteo es un reflejo de la verdadera condición de mi corazón.

Mientras tanto, Proverbios 4:23 me ayuda a considerar mi opinión, los mensajes que permito que *entren* a mi corazón a través de las pantallas de mi computadora portátil y teléfono: "Sobre toda cosa guardada, guarda tu corazón; porque de él mana la vida". Vemos a lo largo de las Escrituras que, si bien Dios se preocupa por nosotras como personas en su totalidad, le interesa más nuestro corazón (ver 1 Samuel 16:7; Marcos 12:28-34). Necesitamos estar atentas a lo que permitimos entrar a nuestro corazón, así como también ser conscientes de lo que sale de él, y si es piadoso y bueno.

Las redes sociales afectan nuestras acciones e interacciones. Como seguidoras de Cristo que queremos ser fieles, debemos profundizar más, más allá de la superficialidad de los clics y los me gusta. ¿Cómo revelan las redes sociales lo que hay en nuestro *corazón?*

1. Vivir para agradar

Cada "me gusta" de Facebook, corazón de Instagram y lo que compartimos en Twitter tiene un efecto en nuestro cerebro. Son disparos que dan al cerebro una pequeña inyección de dopamina química para sentirse bien. Un estudio entre adolescentes reveló que los "me gusta" de las redes sociales activan la misma parte del cerebro que se ilumina cuando comen chocolate o ganan dinero.[1] Todas nosotras, jóvenes o mayores, somos propensas cada vez más a un ciclo adictivo de búsqueda de esta sustancia química. Debido a nuestra biología,

1. "Social Media 'Likes' Impact Teens' Brains and Behavior", www.psychologicalscience.org/news/releases/social-media-likes-impact-teens-brains-and-behavior.html (consultado el 21 de mayo de 2016).

enfrentamos la tentación real de publicar y vivir para recibir "me gusta".

Esta ciencia es digna de mención porque las Escrituras nos advierten claramente: "El temor del hombre pondrá lazo; mas el que confía en Jehová será exaltado" (Proverbios 29:25). Cuando vivimos y servimos para agradar a las personas en lugar de agradar a Dios, nos encontramos desesperadamente atrapadas. Eso siempre ha funcionado así, pero el mecanismo por el que quedamos atrapadas ha cambiado.

Este es un peligro tanto para los cristianos que buscan usar las redes sociales para servir a Dios como para cualquier otra persona. Podemos medir nuestro ministerio mediante una analítica de Facebook. Podemos medir nuestra efectividad por lo que compartimos. Podemos recibir comentarios inmediatos sobre cada idea bíblica que publicamos. Sin embargo, Dios no nos llama a medir nuestra obra en el reino mediante estos marcadores. Él nos ha declarado lo que es bueno:

> Y qué pide Jehová de ti: solamente hacer justicia, y amar misericordia, y humillarte ante tu Dios (Miqueas 6:8).

Pablo confirma que debemos hacer estas cosas sin desmayar, en vez de esperar resultados inmediatos:

> No nos cansemos, pues, de hacer bien; porque a su tiempo segaremos, si no desmayamos (Gálatas 6:9).

Estos mandatos no atraen mucha atención. No se vuelven virales. Demandan compromiso, integridad, agallas y gracia a montones.

Mencioné anteriormente que las redes sociales funcionan como una lupa sobre lo que ya está en nuestro corazón. Es aconsejable prestar atención a lo que exponen las redes sociales sobre nuestro temor a los demás y nuestro deseo de aprobación.

Nuestra necesidad de aceptación es parte de nuestro diseño. La respuesta no es vivir sin preocuparnos por lo que alguien piense de nosotras, sino más bien encontrar nuestra identidad ante todo en lo que Dios dice que somos: hacer un hábito diario de acudir primero a Él para satisfacer nuestra necesidad de aceptación.

Cuando vivimos y servimos para agradar a las personas en lugar de agradar a Dios, nos encontramos desesperadamente atrapadas.

He luchado por encauzar mi corazón en la senda correcta en esta área. Si me despierto y acudo a mi teléfono, pasaré el día en busca de la mayor cantidad de "me gusta" y seguidores. Si, en cambio, dirijo mi atención primero a la Palabra de Dios, a su carácter, descubro que mi tanque se llena. La aprobación de los demás se convierte en un bono secundario, no en el motivador principal de mi comportamiento durante el día.

2. Deseo de relación

Gracias a las redes sociales, los jóvenes que se sientan a tu lado en la iglesia están más relacionados que cualquier generación anterior a ellos. Posiblemente, también estén más solos. Su promedio de doscientos cuarenta y tres amigos de Facebook no se traduce en amistades de la vida real. Investigadores teorizan que pasamos tanto tiempo en línea, que ya no tenemos la capacidad de pasar tiempo con nuestros amigos que no son de Facebook.[2]

Una joven me dijo recientemente que WhatsApp se ha convertido en un obstáculo para sus relaciones con personas que viven dentro de su propio código postal.

"Amigos y familiares lejanos pueden ponerse en contacto fácilmente a través de mensajes de Internet y, a veces, se siente tanta

2. Hartley-Parkinson, "You Can't Hug a Facebook Friend", www.dailymail.co.uk/sciencetech/article-2026086/Facebook-Young-people-spend-time-online-theyre-lonely-elderly.html (consultado el 22 de noviembre de 2019).

presión de estar en contacto con las personas de esa manera que hay menos tiempo para pasar el rato con las personas que geográficamente están cerca", señaló.

El "hambre de piel", la necesidad de tener contacto físico humano, es una condición real que nos está afectando cada vez más. Piensa en el hambre de piel como la versión adulta de la falta de crecimiento; la consecuencia de estar desnutridos emocionalmente y luchar por desarrollar más nuestras relaciones.

Un estudio descubrió que, por primera vez en la historia, los jóvenes están tan solos como los ancianos, el grupo que generalmente se considera el más solitario entre nosotros.[3] Cuando una generación que, por lo general, es activa, móvil y está bien conectada se enfrenta a la misma situación de soledad crónica y debilitante que enfrentan los ancianos, a menudo aislados o físicamente limitados, algo claramente ha salido mal.

Más allá de ser una preocupación para nosotros, esta creciente epidemia de soledad presenta mayores riesgos. Es más fácil para las personas esconderse dentro de la iglesia, lo que significa que es más fácil que su pecado permanezca oculto. El enemigo a menudo ataca a los aislados con engaños. Sin la red de seguridad de relaciones significativas con otros creyentes, nos convertimos en una presa fácil.

Las redes sociales también nos brindan la ilusión de relacionarnos con otros sin la necesidad de invertir realmente en la vida de las personas. Claro, publica una nota alentadora en un muro. Responde a ese mensaje directo, pero no permitas que eso reemplace el llamado de Dios de enseñar, sustentar, orar, cuidar y vivir en las trincheras con otros creyentes.

Si somos sinceras, sabemos que nuestros "mecanismos electrónicos" no satisfacen nuestro anhelo de conocer y ser conocidos. En cierto modo, ¡son buenas noticias! Los cristianos tienen algo mejor que ofrecer.

---

3. Ídem.

> Mas ahora, conociendo a Dios, o más bien, siendo conocidos por Dios (Gálatas 4:9).

Él nos conoce y sabe lo que necesitamos. En Cristo, y en el cuerpo de Cristo, debemos buscar la relación que necesitamos.

3. Necesidad de descansar

La mayoría de los adultos pasan al menos de ocho a doce horas frente a una pantalla. Eso es más tiempo del que dedicamos a cualquier otra actividad, incluido el sueño.[4] No es de extrañar que estemos totalmente agotados. Personalmente, he tenido temporadas en las que he soportado un fenómeno que llamo "privación sagrada": una sensación de cansancio que no se debe a falta de sueño, sino a la falta de margen.

Cuando nunca nos tomamos un descanso de nuestros suministros de datos, nos sobrecargamos con imágenes e historias y, por lo tanto, nos insensibilizamos a la necesidad y al pecado.

Muchas de nosotras no tenemos un espacio en nuestro calendario que esté reservado. Estamos accesibles en todo momento. No sabemos cómo disfrutar el descanso sabático al que Dios nos llama.

Hay una solución tan sencilla que es posible que la hayamos pasado por alto. Es el pequeño botón de encendido/apagado, que se encuentra en el lateral de nuestros teléfonos y en la esquina de nuestras computadoras portátiles. Si no descubrimos cómo desconectarnos (literalmente), estaremos perpetuamente agotadas.

El primer problema de no descansar de las redes sociales es que

4. Sandra Bond Chapman, "Is Your Brain Being Wired by Technology?", blogs.wsj.com/drivers-seat/2012/12/05/two-hands-on-the-smartphone-industry-looks-at-driver-distraction (consultado el 18 de octubre de 2012).

estamos sobrecargadas de interacción con personas. Sin embargo, hay un segundo problema más peligroso. Cuando nunca nos tomamos un descanso de nuestros suministros de datos, nos sobrecargamos con imágenes e historias y, por lo tanto, nos insensibilizamos a la necesidad y al pecado.

Nuestros ojos están tan inundados de imágenes e historias y súplicas transmitidas a través de las redes sociales, que nos vemos obligadas a adormecer nuestra respuesta empática para evitar la sobrecarga del sistema. Perdimos la capacidad de estremecernos. Sin embargo, el quebranto humano debería estremecernos a menudo y funcionar como un desfibrilador, que causa dolor, pero da vida. Duele ser consciente de la necesidad humana y el pecado, pero también nos devuelve a nuestra desesperada necesidad de un Salvador.

4. Poco conocimiento de la Palabra

A medida que las redes sociales se disparan, hay otra tendencia a la que debemos prestar atención: la caída en picada de la alfabetización bíblica entre los cristianos modernos. Aquí hay algunas estadísticas.[5] Te lo advierto: son escandalosas.

- Menos de la mitad de todos los adultos pueden mencionar los cuatro Evangelios.
- Muchos cristianos no pueden identificar más de dos o tres de los Evangelios.
- El 60% de los estadounidenses no puede nombrar ni siquiera cinco de los Diez Mandamientos.
- Según el 82% de los estadounidenses, "Dios ayuda a los que se ayudan a sí mismos" es un versículo de la Biblia. (Aquellos que se identificaron como cristianos nacidos de nuevo obtuvieron mejores resultados en solo un 1%).

5. Estas estadísticas provienen de Albert Mohler, "The Scandal of Biblical Illiteracy: It's Our Problem", www.albertmohler.com/2016/01/20/the-scandal-of-biblical-illiteracy-its-our-problem-4 (consultado el 20 de enero de 2016).

- Más del 50% de los graduados de último año en una encuesta pensaba que Sodoma y Gomorra eran marido y mujer.

Las razones del escándalo del analfabetismo bíblico son numerosas y variadas, pero hay una causa obvia muy simple: cuando pasamos hasta doce horas al día frente a nuestras pantallas, ya no tenemos tiempo para abrir la Palabra de Dios.

Sin embargo, hay otra forma en que este problema se manifiesta y es más sutil.

Los cristianos de hoy tienen acceso a sermones y enseñanzas las veinticuatro horas del día. Podemos dormir hasta tarde el domingo y escuchar un sermón en un podcast mientras cortamos el césped. Nos desplazamos por publicaciones llenas de citas bíblicas y videos musicales cristianos.

Puede parecernos bueno que la tecnología moderna permita que tanta enseñanza llegue directamente a nuestros hogares. Sin embargo, gran parte de lo que se comparte no es útil ni tiene sus raíces en la autoridad de las Escrituras.

Es aconsejable que evaluemos con regularidad los mensajes que ingresan a nuestro corazón a través de nuestros auriculares. ¿Las voces que surgen en tu entrada de publicaciones sostienen en alto el estandarte de la verdad de Dios o solo presentan sus propias ideas?

Puedo escuchar sermones en mi automóvil, leer un artículo sobre cómo poner en práctica la Palabra de Dios desde mi escritorio en el trabajo y desplazarme a través de las discusiones sobre ideas teológicas mientras espero a mis hijos en la fila de automóviles. Por el solo hecho de que todos somos tan accesibles, hay más infiltración de lobos entre las ovejas, falsos profetas que tienen la apariencia de sabiduría (ver Mateo 7:15), un hecho que en muchos sentidos no tiene precedentes. Puede que no haya más lobos entre nosotros (el mensaje de Cristo siempre ha tenido muchos oponentes), pero ¿podría ser que estemos escuchando sus aullidos con más frecuencia?

En cambio, debemos recordarnos unos a otros que la Palabra de

Dios es la plomada de la verdad y la autoridad en nuestras vidas. No guardemos silencio al respecto. Los riesgos son demasiado altos y las voces demasiadas. Tratemos de exhortarnos unos a otros con regularidad a tomar todo lo que leemos, escuchamos y compartimos, y pasarlo por el tamiz de la Palabra de Dios.

No me refiero a la publicación pasiva-agresiva de versículos bíblicos en los muros de Facebook de otras personas. Rara vez se gana el corazón y la mente de otros a través de discusiones en Twitter. Hay formas más suaves de mantener en alto el estandarte de la Palabra de Dios en estos días. Podemos...

- publicar nuestras palabras con menos frecuencia y la Palabra de Dios con más frecuencia.
- comprometernos a seguir a otros que sabemos que nos mostrarán a Jesús y su Palabra.
- compartir con frecuencia formas específicas en que la Palabra de Dios está transformando nuestro corazón y nuestro hogar.

Al hacer estas cosas, permitiremos que la poderosa Palabra de Dios hable por sí misma.

Nuestra extraordinaria oportunidad

Sin lugar a dudas, las redes sociales exponen la oscuridad que existe en nuestro mundo roto. Estamos a solo unos clics de historias de degeneración y perdición. También revela las profundidades de nuestro propio corazón, que a menudo se aleja del Señor. Sin embargo, donde la oscuridad es más profunda, la luz brilla aún más.

Todos los que tengan un teléfono inteligente pueden declarar la bondad del Señor hasta "los confines de la tierra" (Salmos 22:27). Si bien existen desafíos, también existe una oportunidad única de difundir la esperanza del evangelio.

Este debe ser nuestro objetivo mientras buscamos ser seguidoras de Cristo en el mundo de las redes sociales. En lugar de tildarlo de malo, quejarnos de eso o negarnos a usar las redes sociales (por temor a recibir un pulgar hacia abajo virtual), aprovechemos los desafíos y las oportunidades de nuestra época y expongamos la verdad eterna que Dios nos ha regalado en su Palabra.

• • •

PREGUNTAS DE REFLEXIÓN

1. Después de leer que "las redes sociales han ampliado las fronteras de nuestra 'ciudad'", ¿cómo debemos administrar esta oportunidad única? ¿Qué precauciones debemos tener? (Ver Mateo 5:13-16 y Lucas 6:45).

 ____

 ____

 ____

2. Hemos visto "que, si bien Dios se preocupa por nosotras como personas en su totalidad, le interesa más nuestro corazón" (ver 1 Samuel 16:7; Marcos 12:28-34). ¿Cómo revelan las redes sociales lo que hay en nuestro corazón?

 ____

 ____

 ____

3. ¿Qué revelan sobre tu corazón los perfiles que tienes en las redes sociales?

 ____

 ____

 ____

4. Hemos visto que el "primer problema de no descansar de las redes sociales es que estamos sobrecargadas de interacción con personas". Sin embargo, hay un segundo problema más peligroso. ¿Cuál es?

____

____

____

5. ¿De qué formas podemos mantener en alto el estandarte de la Palabra de Dios en las redes sociales?

____

____

____

10. Qué decimos de la belleza

Jen Wilkin

Hace poco encontré un artículo con anuncios de los años 30 y 40 que vendían productos para ayudar a aumentar de peso. Los anuncios hacían afirmaciones que suenan completamente cómicas a nuestros oídos:

> "*¡Aumente dos kilos y medio de grasa firme en una semana!*".
>
> "*¡Desde que engordé cinco kilos, todos los hombres me invitan a salir!*".

Les mostré los anuncios a mis hijas, y su respuesta fue: "Mamá, los deben haber inventado".

Sin embargo, son totalmente reales a pesar de lo absurdos que parezcan. Durante gran parte de la historia de la humanidad, predominaba la belleza con curvas. Las estatuas de mujeres de la antigua Grecia y Roma resaltan un tipo de cuerpo que hoy llamaríamos "talla grande", al igual que el arte renacentista. Históricamente, las mujeres rellenitas se consideraban hermosas, porque solo las ricas y ociosas podían lograr tal figura, y porque la abundancia de curvas era un signo de fertilidad. Para las mujeres de generaciones pasadas, las curvas eran muy difíciles de lograr a menos que tuvieran dinero para comer bien y trabajar poco. Gracias a las grasas trans y al jarabe de maíz con alto contenido de fructosa, la situación ha cambiado.

Para muchas, la delgadez es el nuevo ideal: las ricas y ociosas de hoy luchan por parecer desnutridas y extenuadas, y el resto de nosotras nos apresuramos a seguir su ejemplo.

Así que, ¿habría sido mejor haber vivido en una época cuando se elogiaba la belleza de las mujeres bien alimentadas? Lo dudo, porque el problema no es "gorda frente a delgada", sino "perfecta frente a imperfecta". Incluso cuando se nos anima a dejar de pensar en el peso y buscar la robustez por encima de la delgadez, el mensaje subyacente es el mismo: hay un cuerpo ideal y no lo tienes.

Nunca ha habido un tiempo en que las mujeres no se hayan definido a sí mismas conforme a algún ideal de belleza física. Nunca ha habido un tiempo en que las mujeres no hayan creído que este ideal existe y que debe perseguirse a toda costa. Aunque su definición puede cambiar a lo largo de los siglos, un elemento sigue siendo igual: siempre está fuera de nuestro alcance. Queremos lo que no podemos tener. Si es difícil lograr curvas, queremos curvas. Si es difícil estar delgadas, queremos estar delgadas. Deseamos ser bellas, sea lo que sea lo que nuestra cultura nos diga que significa "belleza", y pasamos mucho tiempo tratando de lograrlo.

En nuestra cultura, la "perfección" física es el legado de la feminidad, transmitida con meticuloso cuidado de madre a hija, con fiel instrucción en palabra y obra. Es el tema constante de conversación entre amigas. Es el centro de nuestras preocupaciones. Es el centro de nuestros cumplidos, de modo que, incluso cuando intentamos animarnos y elevarnos la autoestima unas a otras, a menudo, sin querer, reforzamos la idea de que perseguir la perfección física es una buena meta.

Seguro que podemos encontrar un mejor planteamiento. Seguro que podemos encontrar una mejor forma de hablar de belleza.

La verdad sobre nuestro cuerpo

Nuestra cultura proclama una serie de mentiras sobre cómo debemos percibir nuestro cuerpo. Sin embargo, podemos buscar en las Escrituras para examinar tales mentiras y ayudarnos a cambiar nuestra perspectiva.

La primera mentira que proclaman es sobre la propiedad del cuerpo. ¿A quién pertenece tu cuerpo? La cultura occidental dice que tu cuerpo te pertenece. Tu eres dueña de tu cuerpo. Puedes descuidarlo, obsesionarte con él, consentirlo, castigarlo, mimarlo o modificarlo como desees. La decisión es tuya y las consecuencias solo tú las disfrutarás o sufrirás.

Sin embargo, la Biblia declara que tu cuerpo no es tuyo.

> ¿O ignoráis que vuestro cuerpo es templo del Espíritu Santo, el cual está en vosotros, el cual tenéis de Dios, y que no sois vuestros? Porque habéis sido comprados por precio; glorificad, pues, a Dios en vuestro cuerpo (1 Corintios 6:19-20).

Deseamos ser bellas, sea lo que sea lo que nuestra cultura nos diga que significa "belleza", y pasamos mucho tiempo tratando de lograrlo.

Eres la administradora de tu cuerpo, no la dueña. Debido a que has sido comprada por precio, todas las decisiones y comportamientos hacia tu cuerpo deben pasar por el filtro de la pregunta: "¿Esto glorifica a Dios en mi cuerpo?". En otras palabras, ¿la forma en que trato a mi cuerpo me ayuda a amar a Dios y a los demás o me impide hacerlo? Las decisiones sobre nuestro cuerpo nunca nos afectan solo a nosotras.

La segunda mentira que nos dicen tiene que ver con el propósito. ¿Para qué sirve tu cuerpo? Nuestra cultura proclama que nuestro cuerpo es de adorno: útil para atraer la atención de los hombres y la envidia de las mujeres. El cuerpo puede y debe entrenarse, tonificarse y preservarse de todos los signos del envejecimiento. Lo que más importa es cómo se ve, porque su nivel de atractivo, o, como nos han dicho en años más recientes, su robustez, puede y debe aprovecharse para tener predominio sobre, e independencia de, los demás.

Sin embargo, las Escrituras declaran que lo que más importa del cuerpo no es su apariencia, sino lo que hace. El cuerpo es útil, creado para hacer buenas obras que sirven a Dios.

> Porque somos hechura suya, creados en Cristo Jesús para buenas obras, las cuales Dios preparó de antemano para que anduviésemos en ellas (Efesios 2:10).

Y en lugar de decirnos que nos concentremos en preservar nuestra robustez y juventud, la Biblia señala que nuestros cuerpos son frágiles y efímeros (Isaías 40:6-8, 23-24, 30; Romanos 8:20-23). Nuestros cuerpos cargan con los efectos de la caída. Las personas que enfrentan dificultades como discapacidad, desfiguración, infertilidad, enfermedades crónicas, enfermedades terminales y edad avanzada piensan en su cuerpo de manera diferente de las personas que no enfrentan tales condiciones. Tienden a disfrutar de una mayor capacidad para valorar el bienestar sobre el atractivo. Entienden fácilmente que un cuerpo hermoso es un cuerpo que simplemente funciona como debería.

La tercera mentira que nos dicen es sobre la posibilidad de modificar nuestro cuerpo. ¿Cómo podemos mejorar lo que tenemos? La cultura occidental proclama que nuestra apariencia es defectuosa, pero que se puede corregir. No tienes el tamaño, la forma o el color adecuados, pero puedes y debes hacer un esfuerzo y un gasto enorme para cambiar eso. Nuestra cultura proclama que debemos procurar un cuerpo mejor y, finalmente, un cuerpo perfecto. Al hacer estos cambios físicos, puedes cambiar la condición de tu corazón. Una vez que te veas bien, tendrás más confianza en ti misma, mejor autoestima y más felicidad.

Sin embargo, la verdad es que Dios diseñó la apariencia de tu cuerpo. Él te formo con intencionalidad en el vientre de tu madre (Salmos 139:13). Debido a que Dios es un Dios de creatividad infinita, las personas vienen en diferentes tamaños, formas y colores. Si bien nuestros cuerpos no son "perfectos" en el sentido que exige nuestra cultura, han sido diseñados por un Dios perfecto.

No solo esto, sino que nuestros cuerpos tienen un futuro glorioso. Existe un tipo de perfección física que se puede alcanzar. Se alcanzará en el cielo.

> Así también es la resurrección de los muertos. Se siembra en corrupción, resucitará en incorrupción. Se siembra en deshonra, resucitará en gloria; se siembra en debilidad, resucitará en poder. Se siembra cuerpo animal, resucitará cuerpo espiritual (1 Corintios 15:42-44).

Esta es la verdadera esperanza y una buena noticia para el creyente: un día seremos libres de nuestro autodesprecio y viviremos en armonía con nuestra apariencia física. Recibiremos un cuerpo nuevo e incorruptible, un cuerpo que ya no tendrá que pasar por la tumba.

No nos atrevamos a rebajar esta esperanza futura a la de una eternidad con muslos más delgados o una nariz más pequeña. Debemos celebrarlo como el día cuando la vanidad misma reciba un golpe fatal y final.

Mientras tanto

Podemos reclamar ahora esta esperanza futura. Cada vez que nos miremos al espejo y nos sintamos tentadas a quejarnos, podríamos decir en cambio: "Venga tu reino. Hágase tu voluntad, como en el cielo, así también en la tierra" (Mateo 6:10), aceptar que nuestro cuerpo es imperfecto y frágil, reconocer que fue diseñado y creado por Dios y que es propiedad de Él, y esperar el día en que será perfeccionado con Él en gloria.

Y luego podemos esforzarnos por vivir a la luz de estas verdades. Podemos trabajar para vivir en la relación correcta con nuestro cuerpo desde ahora y no solo en la resurrección.

Por supuesto, procura administrar la dádiva de tu cuerpo físico. Debemos presentar nuestros cuerpos como sacrificios vivos, listos para funcionar de acuerdo con la voluntad de Dios. Eso significa cuidar nuestro cuerpo, pero por el bienestar, no por la belleza. Dos mujeres pueden subirse a dos cintas de correr con objetivos de *fitness* idénticos y motivos muy diferentes. Solo ellas sabrán la verdadera razón por la que están allí.

Debemos presentar nuestros cuerpos como sacrificios vivos, listos para funcionar de acuerdo con la voluntad de Dios.

A menudo se cita 1 Pedro 3:3-4 para animar a las mujeres a no concentrarse demasiado en su apariencia.

> Vuestro atavío no sea el externo de peinados ostentosos, de adornos de oro o de vestidos lujosos, sino el interno, el del corazón, en el incorruptible ornato de un espíritu afable y apacible, que es de grande estima delante de Dios.

¿Acaso el objetivo de Pedro es decirnos que nunca debemos hacer nada para lucir bien? No. En este pasaje, él está hablando a las esposas de maridos incrédulos, sobre qué podían hacer para ganarlos para Cristo. Contrasta la influencia de su belleza externa con la influencia de su belleza interna. Lo que señala es: *¿Estás confiando en algo que es perecedero cuando tienes algo imperecedero en qué confiar?* En lugar de ser una advertencia contra el atavío, es una instrucción sobre el poder de la belleza interna para atraer a otros a Cristo.[1]

No hay nada de malo en querer lucir lo mejor posible, en la medida en que hacerlo no comience a absorber tiempo, pensamiento, esfuerzo o gastos excesivos. Sin embargo, lo que nuestra cultura llama

1. Desarrollé estas ideas más ampliamente en la sesión 6 de mi serie de estudios bíblicos, *1 Peter: A Living Hope in Christ* (Nashville: LifeWay, 2016).

"perfección" física no está a nuestro alcance, ni debería ser lo que busquemos. El argumento de *marketing* común de que transformar el aspecto externo mejorará cómo nos sentimos por dentro es una mentira. Es una alteración (y una perversión) de las buenas nuevas, que promete una transformación en una dirección opuesta. La esperanza del creyente es que la transformación interna nos permita hacer las paces con el aspecto externo.

> Así que, hermanos, os ruego por las misericordias de Dios, que presentéis vuestros cuerpos en sacrificio vivo, santo, agradable a Dios, que es vuestro culto racional. No os conforméis a este siglo, sino transformaos por medio de la renovación de vuestro entendimiento, para que comprobéis cuál sea la buena voluntad de Dios, agradable y perfecta (Romanos 12:1-2).

Una mente que está siendo transformada progresivamente por el evangelio rechaza la adoración a sí misma y la búsqueda inútil de la felicidad. En cambio, cuando buscamos la santidad, nuestra actitud hacia nuestro cuerpo cambia a medida que aprendemos a amarlo como un instrumento, como una buena dádiva de Dios. Podemos tener una sana seguridad en nosotras mismas porque tenemos seguridad en Dios y porque estamos acumulando tesoros en el cielo, que nunca se podrán corromper.

Cuando buscamos la santidad, nuestra actitud hacia nuestro cuerpo cambia a medida que aprendemos a amarlo como un instrumento, como una buena dádiva de Dios.

¿Qué pasaría si comenzáramos a forjar un legado de feminidad que exaltara el carácter por encima de evitar los carbohidratos, y la piedad por encima del glamour? ¿Y si tan solo no habláramos tanto de calorías, entrenamientos y pérdida de peso? ¿Y si no habláramos en absoluto sobre las medidas del cuerpo? ¿Qué pasaría si nos propusiéramos no mencionar nuestros pecados o nuestras victorias contra las calorías frente a nuestras amigas e hijas?

Claro, ve al gimnasio, haz la dieta Paleo, corre diez kilómetros al día, usa fajas modeladoras desde el cuello hasta la rodilla, pero deja de hablar de eso. Deja de decirle a tu amiga que la ves delgada; en lugar de eso, dile que te encanta su dulce espíritu. Elige cumplidos que la estimulen a buscar lo que perdura y no lo que ciertamente es efímero. Si alguien te hace un cumplido sobre tu figura, dale las gracias y cambia de tema. Proscribe las charlas sobre el cuerpo a la misma lista de temas prohibidos como salarios, asuntos de ética profesional y colonoscopias. Aplica la misma disciplina que usas para ejercitarte para controlar tu lengua.

Sin embargo, hagas lo que hagas, no dejes de regalar cumplidos de "hermosa".

Una "belleza" mejor

Crecí con un padre que me decía todo el tiempo que era hermosa. Con mis gestos le mostraba que no estaba de acuerdo mientras él me lo decía y se acercaba para abrazarme, y pensaba para mis adentros: "Solo piensa eso porque es mi papá". Mi suscripción a la revista *Seventeen* me recordaba fielmente todos los meses que, de hecho, no era hermosa en absoluto. Tenía el cabello totalmente lacio (una terrible desventaja para el cabello de los años 80). Tenía un cutis feo. La amplitud de mis hombros era como la de un jugador de fútbol americano en una época cuando se agregaban enormes hombreras a las blusas de las mujeres, al parecer, con el único propósito de destacar mi rareza. No tenía más curvas que los jovencitos de trece años que esperaba desesperadamente que me invitaran a bailar, incluso cuando los sobrepasaba con mi gigantesca estatura. Quedaba claro que mi papá estaba delirando.

No obstante, era el mejor tipo de delirio. Era el tipo de delirio que toda hija necesita. Veía algo en mí que el espejo no veía, y rutinaria y religiosamente me declaraba cuán hermosa era sin importar todas las medidas externas.

Nos volvemos más hermosas con el conocimiento. ¿Quién de nosotras no ha conocido a alguien que al principio pensábamos que no era tan agraciada, pero, después de conocerla un tiempo, llegamos a verla hermosa? Cuando le decimos a una persona que es hermosa, lo que queremos decir es que es hermosa para nosotras. Es una forma de decirle a alguien que es un placer haberla conocido.

Esto se aplica particularmente a los padres. En nuestra cultura obsesionada por la imagen, las jóvenes ya perciben sus "defectos" físicos hasta tal punto que el valor nominal de las palabras "eres hermosa" sonará falso. Sin embargo, Dios mediante, aprenderán el significado más profundo de estas palabras debido a quién las pronuncia. Dado que conocemos a nuestras hijas mejor que cualquier otro ser humano, nuestra opinión cuenta más que la de cualquier otra persona. Nuestras hijas verán cómo nuestra fe en su belleza se entrelaza con nuestro amor por su persona y se darán cuenta de que las valoramos tal como son. Cuando cada valla publicitaria, portada de revista y anuncio de Internet le dicen a tu hija que no es hermosa, saber que tú no estás de acuerdo absoluta, irracional y vehementemente puede ser lo que mantenga sano su corazón.

Sin embargo, los beneficios de decir "eres hermosa" se extienden más allá de la relación entre padres e hijos. Cuando decimos a nuestras hijas —y a nuestras madres, hermanas, abuelas y amigas— que son hermosas, estamos reflejando el amor de un Padre celestial que "no mira lo que mira el hombre" (1 Samuel 16:7). Cuando les decimos que son hermosas y evitamos las palabras nocivas sobre la tez o el color, las medidas o la forma, el fracaso o la perfección, les damos permiso y poder para medir la belleza de manera diferente. Les mostramos que es posible centrarse no solo en la apariencia externa, sino también en el corazón.

Levanta tu mirada

¿Podría ayudarnos a crecer en piedad cambiar nuestro lenguaje a la hora de hablar unas con otras de la belleza? Sí. ¿Podría ayudarnos a crecer en piedad cambiar nuestras consignas y motivaciones internas y decir "no" a las mentiras culturales que nos rodean todos los días? Sí, pero la mayor ayuda para tener una perspectiva bíblica, piadosa y saludable de nuestro cuerpo es pensar en otra cosa totalmente distinta.

Somos rápidas para medirnos según las normas humanas y no la divina, y sucumbimos a la opinión humana y la respetamos como la verdad. No obstante, el último antídoto contra el temor a las personas es el temor de Dios. Necesitamos tener temor reverencial y asombro por lo verdadero: Dios mismo.

• • •

Levantar nuestra mirada al Dios trascendente es reorientarnos hacia la verdadera belleza, la belleza eterna, la belleza inmutable.

Puedes decirme que soy hermosa, con sinceridad y vehemencia. Puedes decirme que soy obra de las manos de Dios, que Él se deleita en mí y se goza sobre mí con cánticos, que soy hermosa a sus ojos, que me ha apartado para un propósito sagrado. Puedes decirme estas cosas, y deberías hacerlo, pero te lo ruego, primero dime que levante mi mirada con temor reverencial a Dios. Aunque todas estas declaraciones son verdades preciosas, su valor no se puede percibir correctamente hasta que esté enmarcado en el esplendor de su absoluta santidad.

En mi libro *Nadie como Él* (Poiema Publicaciones, 2019) escribí sobre el asombro y lo que significa temer al Señor:

> La investigación muestra que, cuando los seres humanos experimentamos asombro (asombro por las secuoyas o el arcoíris, Rembrandt o Rachmaninoff), nos volvemos menos

> individualistas, menos egocéntricas, menos materialistas, más conectadas con quienes nos rodean. Al maravillarnos de algo más grande que nosotras mismas, nos volvemos más capaces de acercarnos a los demás... El asombro nos ayuda a preocuparnos menos por la autoestima al dirigir nuestra mirada primero hacia Dios, luego hacia los demás. También ayuda a establecer nuestra autoestima de la mejor manera posible: entendemos tanto nuestra insignificancia dentro de la creación como nuestra importancia para nuestro Creador" (pp. 154-155, de la edición en inglés).

Cuando consideramos al Dios que creó el mundo y que encarna la perfección, cuando verdaderamente "[adoramos] a Jehová en la hermosura de la santidad" (Salmos 96:9), cuando vislumbramos algo de cómo es en verdad, temblamos y tartamudeamos: "Apártate de mí, porque soy una mujer pecadora". En un terreno tan sagrado, no hay lugar para pensamientos autoconscientes de nuestra imagen corporal. Los reemplazamos legítimamente por asombro ante el milagro de que somos aceptadas a través de Cristo.

Levantar nuestra mirada al Dios trascendente es reorientarnos hacia la verdadera belleza, la belleza eterna, la belleza inmutable. El profeta Isaías señala que nuestra belleza es tan frágil como la hierba, y luego sugiere que eso debería llevarnos a someternos y depender del Dios fuerte y eterno.

> Que toda carne es hierba, y toda su gloria como flor del campo. La hierba se seca, y la flor se marchita, porque el viento de Jehová sopló en ella; ciertamente como hierba es el pueblo. Sécase la hierba, marchítase la flor; mas la palabra del Dios nuestro permanece para siempre (Isaías 40:6b-8).

En el capítulo 1 de Hechos, mientras los apóstoles ven a Jesús ascender a las nubes y desaparecer de la vista, dos mensajeros angelicales les aseguran:

> Varones galileos, ¿por qué estáis mirando al cielo? Este mismo Jesús, que ha sido tomado de vosotros al cielo, así vendrá como le habéis visto ir al cielo (v. 11).

Este Jesús. Este Jesús, en su cuerpo resucitado: "primicias de los que durmieron" (1 Corintios 15:20). En ese mismo momento, Jesucristo se sienta a la diestra del Padre en un cuerpo de carne. Su cuerpo resucitado es una promesa de que nuestra carne débil y marchita algún día también resucitará incorruptible.

Esta es la razón para buscar la verdad de las Escrituras en lugar de aceptar las mentiras de nuestra cultura. Esta es la razón para esperar ese día y vivir a la luz de esa expectativa segura. Esta es la razón para disciplinar nuestra lengua y crear una cultura donde la apariencia física no tenga nada que ver con cuánto nos valoramos a nosotras mismas y a los demás.

Debemos fijar nuestros ojos en Jesús, Aquel cuya belleza jamás se desvanecerá. En esta cautivante visión se encuentra el sano olvido de nosotras mismas, la ayuda a los débiles y la esperanza eterna.

• • •

PREGUNTAS DE REFLEXIÓN

1. Hemos visto que, si bien hoy se nos anima a dejar de pensar en el peso y buscar la robustez por encima de la delgadez, existe el mismo mensaje subyacente. ¿Cuál es?

____

____

____

2. "Nuestra cultura proclama una serie de mentiras sobre cómo debemos percibir nuestro cuerpo". ¿Cuáles son las tres mentiras que proclama nuestra cultura? ¿Cómo contrarresta tales mentiras la Palabra de Dios? (Lee 1 Corintios 6:19-20, Efesios 2:10, 1 Corintios 15:42-44).

____

____

____

3. "A menudo se cita 1 Pedro 3:3-4 para animar a las mujeres a no concentrarse demasiado en su apariencia". ¿Acaso el objetivo de Pedro es decirnos que nunca debemos hacer nada para lucir bien? Si no lo es, ¿cuál es el mensaje que Pedro está transmitiendo a las mujeres?

____

____

____

4. ¿Cuál es la "belleza" mejor que describe la autora?

____

____

____

5. "Levantar nuestra mirada al Dios trascendente es reorientarnos hacia la verdadera belleza". ¿Qué dice el profeta Isaías sobre la belleza? (Isaías 40:6b-8).

____

____

____

11. Cuenta tu historia

Jackie Hill Perry

Las historias tienen mucho poder.

Piensa en la mujer del pozo. Se encuentra con Jesús cuando va a sacar agua, y Él le pide de beber. Pronto se da cuenta de que, consumida por todos sus errores pasados y desesperada por algo o alguien que sea bueno para su vida, ella necesita de Él mucho más de lo que Él necesita de ella y su pequeño cántaro de agua. Al conversar con Jesús descubre que Él sabe todo sobre ella, entonces deja su cántaro junto al pozo y va y le cuenta a toda la gente de su pueblo lo que Él dijo. "Venid, ved a un hombre que me ha dicho todo cuanto he hecho", les dice. "¿No será este el Cristo?" (Juan 4:29).

Esta mujer no necesitaba una educación teológica para declarar la gloria de Jesús, porque Él es la teología. Ella se encontró con la Palabra en persona y Él le habló de su propia historia. La conocía y sabía lo que necesitaba. Entonces esta mujer fue y les contó a los de su pueblo lo que había sucedido. Ellos fueron directamente a Jesús y unos días después pudieron decir a la mujer: "Ya no creemos solamente por tu dicho, porque nosotros mismos hemos oído, y sabemos que verdaderamente este es el Salvador del mundo, el Cristo" (v. 42).

Ese es un gran ejemplo de testimonio evangelístico, que no es ni más ni menos que contar la historia de tu encuentro con Jesús. Cualquier encuentro con Jesús. No tiene que ser la historia completa de tu vida o la historia de cómo llegaste a la fe. No tiene que ser muy complicada. Es cuestión de discernir entre tus relaciones y conversaciones, y encontrar pequeñas formas de hablar de Jesús. Podría ser: "La semana pasada tenía mucha ansiedad, pero eché mis cargas sobre Él porque Él cuida de mí, y ahora tengo paz". Aunque breve, sigue siendo tu historia. Hablar de cómo te encontró Jesús cuando te sentías abrumada es por demás glorioso y poderoso, y el Espíritu Santo lo puede usar igual que el testimonio de tu conversión. Cualquier historia también puede ser el punto de partida para contar *su* historia.

Las historias nos moldean

En este momento, muchas personas están abandonando o cambiando sus creencias, por cuanto ya no se basan en la teología, sino en los testimonios convincentes que escuchan. Las historias están literalmente moldeando lo que las personas piensan sobre Dios, el sexo, el pecado y el dinero. Si bien puedes discutir sobre teología con una persona que no esté de acuerdo contigo —y deberías hacerlo—, es difícil discutir con la experiencia de otra persona y la historia de otra persona porque todos se identifican con el dolor y el triunfo, el miedo y el valor. Así que, cuando escuchamos testimonios sobre estas cosas, somos propensas a dejar que formen nuestra manera de pensar.

Cuando se trata de historias que alejan a las personas de Dios y su Palabra, es importante que los cristianos tengan un contraargumento que los invite a volver al camino. Y cada una de nosotras tiene una historia, cada una de nosotras tiene innumerables historias, que pueden ser esos contraargumentos.

Déjame explicártelo con mi historia y la manera en que la he contado. Al fin y al cabo, no es solo mi historia, sino la historia de Jesús y las buenas nuevas del evangelio.

Mi historia

Mi historia comienza cuando tenía seis o siete años y me di cuenta de que sentía atracción por el mismo sexo. No sabía cómo se llamaba eso. Solo fue un sentimiento, algo que noté en mí. Cuando fui a la iglesia descubrí: *Esto es homosexualidad, y parece que a los cristianos no les gusta mucho.*

En la escuela secundaria decidí que ser heterosexual era más difícil que comportarme como lo que pensaba que era. Así que me convertí en lesbiana y lo disfruté. Lo sentía natural. Lo sentía liberador. Parecía una mejor opción para el amor. Y luego, a los diecinueve años, Dios habló a mi corazón. Me mostró que su preocupación no era solo por mi sexualidad, sino por toda mi vida. Los cristianos me habían hablado como si la homosexualidad fuera lo único de lo que Dios quería que me arrepintiera. Sin embargo, a través de su Espíritu, Él me mostró: *No, Jackie, todo tu corazón tiene problemas.*

Vi que Jesús era digno y bueno. Y por su gracia lo elegí, y ahora soy distinta. Distinta en el sentido de que soy libre del poder del pecado (Romanos 6:22) y capaz de vivir y amar a Dios. Esta era y es la esperanza de todos los que creen, homosexuales o heterosexuales: que el Dios que hace todas las cosas nuevas ha venido a hacer eso en nosotros.

No tenemos que ser capaces de escribir en forma poética para contar nuestras historias y nuestros testimonios. Esto es algo que todas podemos hacer.

Esta es mi historia, la que se puede contar en unos pocos párrafos. Es la historia que he contado una y otra vez, y en cierto modo también es tu historia: *por la gracia de Dios, ahora soy distinta.*

No me gustaba la poesía antes de convertirme al cristianismo. Pensaba que la poesía era para personas realmente profundas. Sin embargo, como una nueva cristiana, tenía un deseo no acostumbrado de escribir algo. Entonces escribí un poema, porque pensé que eso es lo que hace la gente cuando quiere escribir algo profundo.

Al final, me invitaron a leer un poema sobre mi testimonio en una reunión en Los Ángeles. El poema se titulaba "Mi vida como lesbiana". En él conté mi historia, la historia de cómo había sido y, cómo Dios, en su gracia, vino a salvarme y transformarme. Por la mano soberana de Dios, con el tiempo tuvo una reproducción significativa en YouTube, lo cual inició mi ministerio itinerante.

A través del poema, la gente podía tener un contacto con el evangelio. Las personas que no van a la iglesia, que no confían en los pastores, que no confían en los cristianos, prestaban atención al poema porque no sabían que Dios puede hablar a través del arte tanto como puede hablar a través de un sermón. Es posible que no estuvieran dispuestas a reunirse con Dios y su pueblo en un servicio dominical; pero la poesía, una forma de comunicación que Dios ha usado durante siglos, les ofrecía un relato contrario: uno que revelaba al Hijo de Dios y desafiaba sus propios corazones.

Historias vivas

El arte es así, y también cualquier historia que podamos contar que tenga a Dios en ella. La gente la escucha sin poner barreras, y eso les da una vislumbre de la gloria de Dios, que de otra manera no podrían ver, como los cielos, que declaran la gloria de Dios (Salmos 19:1). Dios se revela a sí mismo en las cosas que ha hecho, y el arte es un medio a través del cual podemos revelar a Dios con las cosas que hacemos.

Sin embargo, así como la poesía no es solo para tales personas profundas, la gloria de Dios no está reservada solo para que la declaren los cielos. *Por su gracia, ahora soy distinta.* Estas son palabras que hablan de la gloria de Dios. ¿Y no todas tenemos una historia así?

Lo que quiero señalar es que tú y yo no tenemos que ser capaces de escribir en forma poética para contar nuestras historias y nuestros testimonios. Esto es algo que todas podemos hacer.

De todos modos, contamos historias todo el día. Tal vez le estés contando una historia a tu vecina cuando le cuentas que tu hijo tiró plátanos al suelo. Le estás contando una historia a tu amiga cuando le cuentas que tu esposo dejó la leche fuera del refrigerador. Le estás contando una historia a tu madre cuando le explicas lo que te dijo tu jefe en el trabajo y que te molestó. Siempre contamos historias. Entonces, hablar de Dios es encontrar una manera de introducir nuestra historia y su historia en las historias comunes que contamos y vivimos todo el tiempo.

Lo vi cuando trabajaba en un restaurante de comida rápida. Trabajé allí durante unos seis o siete años, y sabía que eso no era tan solo un trabajo. Era el lugar donde Dios me había puesto. El apóstol Pablo dijo que Dios "les ha prefijado el orden de los tiempos, y los límites de su habitación [de todos]; para que busquen a Dios, si en alguna manera, palpando, puedan hallarle" (Hechos 17:26-27). Yo estaba en ese lugar de trabajo, y las personas con las que trabajaba estaban allí, para que yo pudiera mostrarles a Dios. De modo que encontré oportunidades y formas de hablar de Él.

Muchas de esas oportunidades surgieron al vivir de manera especial. Vivía con integridad. Entonces, en una ocasión, una de mis compañeras de trabajo me dijo: "Jackie, ¿qué te hizo cambiar? Porque eres tan diferente a nosotros". Y pude contarle mi historia.

En cierto modo, para mí eso es más importante que contar mi historia en un escenario o en línea, porque, cuando hablo en el escenario o en un video, hablo a las personas, no con ellas. No es realmente íntimo. La audiencia me ve divulgando toda esta información, y pueden sentir que se están identificando conmigo; pero, realmente, no conocen mi vida como mi vecina o compañera de trabajo que están conmigo todos los días. Es mejor desarrollar relaciones reales y auténticas con personas, fuera del escenario, lejos de las redes sociales, donde puedan verte y escucharte.

Puede que también quieras contar tu historia en las redes sociales. Hazlo, como te sientas guiada a hacerlo. Incluso puedes hacerlo con un título de seis palabras. *Antes era así, pero ahora no.* Eso es un testimonio. Esa es una historia. No tiene todos los detalles de una historia, pero es suficiente para iniciar una conversación. No obstante, ten cuidado: no te dejes engañar por una falsa sensación de intimidad en línea. Puede ser más fácil y conveniente escribir algo que mirar a alguien a la cara y decirlo, así que sé prudente en cómo y qué dices. No cuentes tu historia en línea antes de haberla contado en la vida real a personas que te conocen. Primero, elabórala con sabios consejos.

Lo que hace que sea más difícil contar tu historia a alguien que realmente te conoce, especialmente cuando hablas con incrédulos, es esto: contar tu historia sobre cómo Jesús te ha transformado es tener que vivir a la altura de cómo Dios te ha transformado: manifestar una vida transformada. Eso es lo más difícil, pero, en realidad, podría terminar por ser lo más fructífero. Contar una historia a un incrédulo de esa forma puede parecer más auténtico, porque no solo es audible o legible. También es práctico.

Creo que en nuestra cultura a menudo se presupone que los cristianos no tienen dificultades, que los cristianos tienen una vida muy fácil. Ya sabes cuál es esta presuposición: nuestros hijos se portan bien, nuestros matrimonios son geniales y no luchamos con la pornografía, la lujuria, la codicia o todas estas otras cosas que arrastran a las personas, y que, de hecho, a veces también arrastran a los cristianos. Por eso, contar historias de lo que sucedió ayer e historias de lo que sucedió la semana pasada nos permite hablar de manera más sincera y auténtica sobre nuestra experiencia en la vida cotidiana y sus luchas. "No confiaba en Dios sobre esto, pero ahora sí". La fe es práctica y se renueva todos los días. Confiamos en Dios el martes, miércoles y jueves de la misma manera que confiamos en Él hace diez años cuando nos arrodillamos por primera vez y dijimos: "Dios, perdóname".

Contar historias transmite el hecho de que el evangelio no solo te salva, sino que te cambia todos los días.

Las personas necesitan ver que el evangelio funciona. No solo quieren escuchar "Jesús es bueno"; quieren ver si su bondad ha llegado a plasmarse en nuestra manera de vivir. Necesitan saber que

Dios puede transformar sus vidas. Eso es lo que cada historia cristiana puede demostrar. *Ahora soy distinta.* No importa si eres distinta de lo que eras hace diez años o distinta de esta mañana, transmite a la gente una esperanza real.

Sé vulnerable

Si deseas desarrollar el hábito de contar tu historia, una buena manera de comenzar es contarla a otros cristianos.

Cada semana, en el grupo pequeño de mi iglesia, dos personas se ofrecen como voluntarias para contar sus historias a través de fotos antes de comenzar nuestro estudio bíblico para que podamos conocernos. Una de mis amigas contó la historia de su divorcio. Solo tiene veintisiete años, algo que sorprendió a la mayoría del grupo.

Su disposición a contar su historia nos permitió conocer algo de su vida que ninguna de nosotras conocía. No nos hubiéramos enterado con solo ir a Facebook o Twitter. Sin embargo, ahora lo sabemos.

Pregúntate: ¿Mis amigas cristianas conocen mi historia? ¿Sabe la gente de mi comunidad local por lo que he pasado, de qué me ha salvado Dios?

Es comprensible que no sea así, porque todas tenemos problemas de vulnerabilidad e intimidad. A menudo tenemos miedo de liberarnos de nuestras propias limitaciones y ser sinceras las unas con las otras. ¿Por qué? Dos razones: miedo y vergüenza.

Entiendo el miedo. Es algo muy humano. Sin embargo, el miedo es un mentiroso. El miedo nos dice que la opinión de esta persona importa más que la salvación de un incrédulo o la edificación de un creyente.

También entiendo la vergüenza. Revivir historias podría reavivar los sentimientos de vergüenza que trajeron tales situaciones, ya sea que se trate de promiscuidad, adicción a la pornografía, algo tan pequeño como haber tenido miedo de hablar de Jesús en la escuela todos esos años. Es doloroso revivir esas historias y la vergüenza de negar a Dios.

Sin embargo, tenemos que reconocer que el evangelio erradica nuestro miedo y nuestra vergüenza. Cuando Jesús estaba en la cruz —desnudo, ensangrentado y humillado— tomó la vergüenza que tú te mereces y erradicó lo único que realmente vale la pena temer: el rechazo y la ira de Dios. No tienes que cargar con ese miedo y esa vergüenza: Jesús ya se los llevó. Estas perdonada.

El miedo y la vergüenza comenzaron en el huerto del Edén, en Génesis 3. Tan pronto como Adán y Eva comieron el fruto, se escondieron de Dios y se avergonzaron. Eso es lo que nosotros también experimentamos a diario. El pecado nos ha llevado a querer escondernos: colocar un taparrabos sobre nosotras, nuestras historias y nuestro pasado, e incluso sobre nuestras luchas actuales. De modo que tratamos de proyectar un falso tipo de integridad, pero cuanto más cerca estamos de Dios, cuanto más disfrutamos de todo lo que somos y tenemos en Jesús, más dispuestas estamos a ser íntimas y vulnerables unas con otras.

Tu historia puede parecer una mera experiencia, pero cuando está respaldada por la verdad, tiene mucho poder.

Al final, todo depende del corazón. Si no estoy contando mi historia solo porque no lo pensé, está bien; pero tengo que hacerme una pregunta: ¿Por qué no lo he pensado? Si es por miedo o vergüenza, entonces tengo que lidiar con eso. Por otro lado, es posible contar nuestra historia por orgullo. Podemos querer llamar la atención, que nos aplaudan y nos admiren: *"Míralas. Encontraron a Jesús. Vencieron"*.

De modo que es necesario que haya un proceso mediante el cual examinemos nuestro corazón y tratemos de conocernos a nosotras mismas. Pide al Espíritu Santo que te revele los motivos de tu corazón. Lee la Biblia, que es como una espada de dos filos (Hebreos 4:12) y puede recordarte cuando no estás actuando como Jesús. Luego, con su ayuda, cambiarás y esa será otra parte de tu historia.

"Esa no es mi historia"

Una vez estaba en la Universidad de Harvard para contar la historia de mi sexualidad y hablé con un joven que me preguntó: "¿Por qué viniste?". Sabía por qué había ido, pero eso es lo que me preguntó y yo respondí: "Solo vine a contar mi historia".

Luego dijo: "¿Crees que tu historia es la historia de todos los demás?". Era una buena pregunta. Y respondí: "No necesariamente".

Mi historia es mi historia y es la verdad, pero, en definitiva, mi historia no tiene autoridad. Sin embargo, mi historia está respaldada por una realidad autorizada, que es que Cristo murió por pecadores como yo, y que pecadores como yo deben arrepentirse y creer en Él.

Si usamos nuestras historias para mostrar la autoridad de Dios y las Escrituras, entonces nuestras historias tienen más poder que otras historias que carecen de autoridad. Tu historia puede parecer una mera experiencia, pero cuando está respaldada por la verdad, tiene mucho poder. Contar tu historia sobre la gracia de Dios en tu vida puede parecer insignificante; pero recuerda: hay una verdad implícita en ella, una verdad que puede cambiar todo porque es poder de Dios para salvación (Romanos 1:16).

Entonces, cuando las personas me dicen: "Esa es tu experiencia, no la mía", no doy por terminada la conversación. Intento seguir el hilo de la misma: "Cuéntame tu experiencia". Luego las escucho y, con la guía del Espíritu Santo, trato de dirigir su experiencia hacia la verdad.

Digamos que dicen: —Esa no es mi experiencia. No tengo ninguna lucha como esa.

—¿Por qué no? ¿Por qué piensas así? ¿No tienes ninguna lucha? —les respondo.

—Bueno sí. Sí, lucho con algunas cosas.

—¿Por qué crees que es así?

—No sé por qué.

Y luego puedo decir: "Bueno, ¿alguna vez has oído hablar del pecado y cómo ha afectado la forma en que el mundo se ha perfilado y formado?".

Se trata de encontrar formas de utilizar la propia renuencia de la persona para continuar con la conversación. Sé que se necesita algo de sabiduría para hacer esto. Por eso, cuando hablo con la gente, oro todo el tiempo, porque quiero que el Espíritu Santo esté ahí.

La forma en que alguien responde a mi historia revela cuáles son sus ídolos y lo que piensa sobre Dios, la vida y el evangelio. Y, por lo tanto, veo mi historia como un primer paso para profundizar más. Si estoy conversando contigo, mi historia no es suficiente. Necesitamos llegar a *tus* problemas de corazón y *tu* sistema de creencias. Quiero ir más allá de mí y hablar a tu corazón.

Pensar que esta conversación será suficiente para traer a alguien a Cristo es una necedad. ¿Tenemos esperanza de que así sea? ¿Oramos por ello? Sí, pero no por eso pensamos que son únicamente nuestras palabras o nuestras experiencias las que cambiarán el corazón de una persona.

Contamos nuestras historias porque es la Palabra de Dios la que traspasa el corazón. Es su misma Palabra la que ha traspasado nuestros propios corazones y nos ha cambiado desde lo más profundo.

> Porque Dios, que mandó que de las tinieblas resplandeciese la luz, es el que resplandeció en nuestros corazones, para iluminación del conocimiento de la gloria de Dios en la faz de Jesucristo (2 Corintios 4:6).

Por su gracia, ahora soy distinta. Esa es una hermosa historia. Declara la gloria a todos los que quieran escuchar. Y solo piensa cómo nuestro Dios soberano y salvador puede usarla.

• • •

PREGUNTAS DE REFLEXIÓN

1. Después que la mujer del pozo se encontró con Jesús, fue a los de su pueblo y les contó: "Venid, ved a un hombre que me ha dicho todo cuanto he hecho. ¿No será este el Cristo?" (Juan 4:29). ¿Cómo respondieron los que la oyeron?

____

____

____

2. Hemos visto que "el arte es un medio a través del cual podemos revelar a Dios con las cosas que hacemos". ¿Practicas un arte mediante el cual podrías contar tu historia? Si no, ¿de qué manera sencilla y cotidiana podrías contarla?

____

____

____

3. Hechos 17:26-27 dice: "Les ha prefijado el orden de los tiempos, y los límites de su habitación [de todos]; para que busquen a Dios, si en alguna manera, palpando, puedan hallarle". ¿En qué lugares te ha colocado Dios para que cuentes tu historia? ¿Por qué es importante hacerlo?

____

____

____

4. ¿Tus amigas cristianas conocen tu historia? ¿Sabe la gente de tu comunidad local por lo que has pasado, de qué te ha salvado Dios? ¿Por qué es más difícil contar tu historia a alguien que realmente te conoce?

____

____

____

5. Aunque tu historia puede parecer una mera experiencia insignificante, recuerda que está respaldada por la verdad. ¿Cuál es esa verdad? (Romanos 1:16).

____

____

____

Epílogo

Trillia Newbell

Bellamente distintas es una herramienta de uso personal, pero también se puede leer en un grupo de estudio del libro. Además de las preguntas de reflexión que aparecen al final de los capítulos, puedes guiar una conversación grupal o profundizar la reflexión personal con las siguientes preguntas adicionales:

- ¿Qué te sorprendió del libro o de un capítulo específico?
- ¿Cuál fue el mayor desafío?
- ¿Cuál fue el mayor consuelo?
- ¿Cómo aplicarías de manera práctica los diversos temas a tu vida?
- ¿Por cuál área de tu vida puedes comenzar a orar como resultado de leer el libro?
- Solo hemos abordado de manera superficial muchos de estos temas. ¿Hay alguno en el que quieras profundizar?
- ¿En qué pasaje de las Escrituras de cada capítulo podrías meditar esta semana?
- ¿Cómo pueden estos temas ayudarte a participar en forma activa en el mundo que te rodea?

Mi esperanza es que tú y yo caminemos con valentía en el mundo, y con la certeza de que Jesús está con nosotras y que Dios es por nosotras. Podemos ser una luz para un mundo en tinieblas. Ninguna de nosotras hará esto a la perfección, pero saber que caminaremos de manera imperfecta nos permite también caminar con humildad. Esta es mi oración por ti y por mí.

Colaboradoras

TRILLIA NEWBELL es la autora de *If God is For Us, God's Very Good Idea,* y *Sacred Endurance.* Es la directora de alcance comunitario de la Ethics & Religious Liberty Commission de la SBC.

ALISSA WILKINSON es crítica de cine, escritora y profesora asociada en The King's College en la ciudad de Nueva York, donde enseña crítica y teoría cultural.

KAREN SWALLOW PRIOR es la autora de *Booked* y *On Reading Well,* y profesora investigadora de inglés y cristianismo y cultura en el Southeastern Baptist Theological Seminary. Escribe sobre literatura, cultura, ética e ideas.

CATHERINE PARKS es autora de cuatro libros, entre los que se incluyen *Real, Empowered* y *Strong.* Le gusta ayudar a las mujeres a relacionarse en el estudio de la Biblia y la oración

KELLY NEEDHAM es bloguera y autora de *Friendish.* Anteriormente ha servido en dos iglesias diferentes en los ministerios de jóvenes, universitarios y mujeres.

DANNAH GRESH es escritora, conferencista y fundadora de True Girl, un evento en vivo para preadolescentes y mamás. Sus libros incluyen *Y la novia se vistió de blanco* y *Mentiras que las niñas creen.*

CHELSEA PATTERSON SOBOLIK es directora de políticas de la Ethics & Religious Liberty Commission y autora de *Longing for Motherhood: Finding Hope in the Midst of Childlessness.*

JACKIE HILL PERRY es escritora, poeta y artista. Es autora de *Chica gay, Dios bueno* y *Jude: Contending For the Faith in Today's Culture.*

COURTNEY REISSIG es escritora y oradora. Participa activamente en el ministerio de mujeres y es autora de *Enséñame a sentir* y *Glory in the Ordinary.*

JENNY YANG es vicepresidente principal de promoción y políticas de World Relief. Es coautora de *Welcoming the Stranger* y preside el grupo de trabajo de África del USA Africa Work Group.

NATASHA SISTRUNK ROBINSON es la autora de *Mentor for Life* y *Sojourner's Truth.* Es una coach de liderazgo, diversidad y tutoría; conferencista y maestra de la Biblia.

LILLY PARK es profesora asistente de Consejería Bíblica en el Southern Baptist Theological Seminary.

LINDSAY NICOLET es directora editorial de contenido en la Ethics & Religious Liberty Commission, donde maneja el contenido diario de ERLC.com.

A **ERIN DAVIS** le encanta ver a mujeres de todas las edades acudir al pozo profundo de la Palabra de Dios. Es autora de varios libros y estudios bíblicos para mujeres y adolescentes.

JEN WILKIN es autora y maestra de la Biblia, y directora ejecutiva de Next Gen Ministries en The Village Church, Texas. Sus libros incluyen *Mujer de la Palabra, In His Image* y *Nadie como Él.*

EDITORIAL
PORTAVOZ

NUESTRA VISIÓN

Maximizar el efecto de recursos cristianos de calidad que transforman vidas.

NUESTRA MISIÓN

Desarrollar y distribuir productos de calidad —con integridad y excelencia—, desde una perspectiva bíblica y confiable, que animen a las personas a conocer y servir a Jesucristo.

NUESTROS VALORES

Nuestros valores se encuentran fundamentados en la Biblia, fuente de toda verdad para hoy y para siempre. Nosotros ponemos en práctica estas verdades bíblicas como fundamento para las decisiones, normas y productos de nuestra compañía.

Valoramos la excelencia y la calidad
Valoramos la integridad y la confianza
Valoramos el mérito y la dignidad de los individuos y las relaciones
Valoramos el servicio
Valoramos la administración de los recursos